# 红色记忆® 22

## 亲历台儿庄战役

海南省文化交流促进会 编

南海出版公司
2013·海口

**图书在版编目（CIP）数据**

红色记忆·第1辑·22 / 海南省文化交流促进会编 .
— 海口：南海出版公司，2013.4（2025.1 重印）
ISBN 978-7-5442-6561-4

Ⅰ . ①红… Ⅱ . ①海… Ⅲ . ①革命传统教育 – 中国 –
青年读物②革命传统教育 – 中国 – 少年读物 Ⅳ . ① D642-49

中国版本图书馆 CIP 数据核字（2013）第 071322 号

HONGSE JIYI · DI 1 JI · 22

**红色记忆 · 第 1 辑 · 22**

---

**作　　者**　海南省文化交流促进会
**总 策 划**　刘　栋
**顾　　问**　贾延岩
**执行总编**　任在齐　张　桐　张爱国
**责任编辑**　聂　敏
**封面设计**　郑广明
**排版印务**　何怡欣
**发行总监**　杨成春
**出版发行**　南海出版公司　电话：（0898）66568508　66568511
**社　　址**　海南省海口市海秀中路 51 号星华大厦五楼　邮编：570206
**电子信箱**　nhpublishing@163.com
**经　　销**　新华书店
**印　　刷**　天津睿意佳彩印刷有限公司
**开　　本**　787 毫米 ×1092 毫米　1/16
**印　　张**　6.25
**字　　数**　100 千字
**版　　次**　2013 年 4 月第 1 版　2025 年 1 月第 2 次印刷
**书　　号**　ISBN 978-7-5442-6561-4
**定　　价**　39.80 元

---

# 序

对历史无知的人，没有真正的信仰可言；没有信仰的人，不可能拥有美好的理想，不可能胸怀崇高的情感，也就不可能担负起任何责任。用欲望文化代替历史教育，足以使一个国家的青年被腐蚀、使一个民族的希望被毁掉，使这个国家和民族被永世万代地奴役！

鉴于此，我们呼唤历史，唤回那段属于二十世纪的“红色”历史，唤回那段炮火硝烟、颠沛流离的历史，唤回那冲天的狼烟留下的悲壮回忆、岁月年轮沉淀的斑驳痕迹。历史不应该被忽略，更不应该被遗忘，牢记那段革命战争年代的红色历史更是责任。为了那些不应该被忘却的记忆，为了那些不应该被丢弃的信念，于是就有了这套《红色记忆》丛书。

曾记否，当草鞋与意志丈量出来的两万五千里穿越一个伟大民族五千年的荣辱兴衰，革命的火种被一路播撒、一路点燃。人迹罕至的雪山、荒无人烟的草地被鲜血浸透，衬映出一段光辉的里程；万水千山早已被远远地抛在身后，一轮红日在黄土高原磅礴而起。满目疮痍的河山在1936年10月温暖如春……

曾记否，当生命和鲜血浸染的十几年光阴将一种记忆铭刻进一个伟大民族的历史画卷，革命的火焰从星火到燎原。这栏杆拍遍、易水悲歌般的呼号，这折戟沉沙、慷慨赴义的悲壮，这铁马冰河、枕戈待旦的苦战，这红旗漫卷、所向披靡的豪迈……腔腔热血、铮铮铁骨早已被熔铸成一座不朽的丰碑，中华民族从苦难中百死后生的壮丽诗史凝结成了五星闪耀的红色记忆。

曾记否，中华人民共和国成立以来，又有无数英烈接过前辈用鲜血染红的旗帜，或壮怀激烈戍边卫国，或忠于职守鞠躬尽瘁，或绝甘分少奉献大爱，甘做国家强盛、人民富裕的铺路石，成为和平年代民族复兴的荣光，把人民心中的红色记忆浸染得分外鲜艳，永不褪色。

这红色记忆，是信念不衰、志向不改的崇高气节；这红色记忆，是无私无我、生属苍生的博大胸怀；这红色记忆，是敢为人先、披荆斩棘的拓荒精神；这红色记忆，是中华民族最宝贵的精神财富。它告诫我们，人事有代谢，传承无绝期。缅怀先烈精神，继承先烈遗志，是社会的道德和民族的良心，是后来者须臾不可忘怀的本分。

老一代人把历史的真实交付给我们，我们有责任用真实还原历史，传承给下一代，把那段岁月与现在年轻人的生活连接到一起，使他们眼中的历史变得立体、真实、可靠，让历史成为他们前进的动力。本丛书将那些流动的、随时会飘散在时间天际的事件凝固下来，希望透过这些文字、图片，感受到英雄们那坚定的革命信念，感受到那个年代澎湃的革命激情，真切体会那段“红色历史”。

忘记历史，就意味着背叛。让我们重温历史，缅怀先烈，从中汲取力量，毅然前行。

刘栋

# 目录

CONTENT

CONTENT

# 谭政——一名用笔战斗的大将军

文 / 华道增

谭 政

谭政（1906—1988 年），原名谭世名，号举安。湖南湘乡人。他是党和军队的优秀领导人，杰出无产阶级革命家、军事家，久经考验的忠诚的共产主义战士，中国人民解放军卓越的政治工作领导人。早年参加秋收起义。曾任中共中央书记处书记、中央军委常委、中国人民解放军总政治部主任、国防部副部长等职务。1955 年被授予大将军衔。曾获一级八一勋章、一级独立自由勋章、一级解放勋章，1988 年被授予中国人民解放军一级红星功勋荣誉章。1988 年 11 月 6 日于北京逝世。

## 投笔从戎上井冈　前委秘书试笔忙

谭世名1906年6月14日出生在湖南省湘乡县一个农民家庭。儿时曾在本村和二都柳树铺读私塾，后考入东山高等学堂念书。

东山学堂是一座革命摇篮，具有光荣的革命传统，毛泽东、陈赓等都曾在这所学校里读过书。谭世名在东山学堂读书时，中国共产党已经成立，湖南各地的革命运动蓬勃发展。谭世名由于学习成绩优异，关心社会进步，被推举为校学生会主席。从东山学堂毕业后，谭世名改名谭政，立志参加革命，走救国救民之路。

1927年2月，谭政在妻兄陈赓的影响下，投笔从戎，到汉口参加北伐军。"七一五"反革命政变后，谭政随陈赓逃出了汉口，参加了毛泽东等人发动和领导的秋收起义。三湾改编时，谭政第一次见到了毛泽东，随后跟毛泽东上了井冈山，同年10月，加入中国共产党，成为坚定的共产主义战士。

1928年1月，谭政奉命到前敌委员会当秘书，从此与毛泽东共事十五年有余。在与毛泽东朝夕相处的日子里，谭政除了协助毛泽东起草和整理文稿外，还特别注意学习毛泽东处理日常事务和复杂矛盾的丰富经验以及驾驭和指导时局的高超技能，从而使自己在革命理论的知识准备上不断获得新鲜内容，积累了实践经验和政治工作能力。

1929年11月，谭政受毛泽东之托，到部队做调查。他召开各种类型的座谈会，把干部及战士们反映、揭露出的问题逐条归纳整理，并加上自己的意见，以书面的形式，如实向毛泽东作了详细汇报。谭政这种勤于动脑、善于动手的求真务实作风，无意识地把自己潜在的政治工作的才能显露出来，因此受到了毛泽东的赞赏。更重要的是，谭政的这次试笔，为毛泽东起草红四军"九大"决议草案，作了必要的思想准备和理论准备。

古田会议以后，谭政为落实大会精神，改进红军的组织建设、思想建设和纪律建设，倾注了满腔的心血。在当时物质生活极端困苦，战斗极为频繁的情况下，谭政不仅出色完成了自己的"秘书"工作，还结合部队实际，坚持每月写一篇政治工作报告，他所写的《月终政治工作报告》《新田夜间政治工作报告》《高兴圩以北战斗政治工作》等情况报告，详细论述了毛泽东的建军思想、建军原则和政治工作方针，为红军早期政治工作的创立和发展，作出了重要贡献。

## "文房四宝"难抛舍　披心相付上"万言"

井冈山战略转移可谓征途险恶、困难重重，但谭政说什么也不肯扔掉自参加革命那天起就一直带在身边的"文房四宝"。

长征途中，担任红一师政委的谭政，率部在潇水西岸完成阻击敌人、掩护主力转移的艰巨任务后，及时将广大党员冲锋在前、英勇杀敌、视死如归的英勇事迹整理成文报告上级，受到了上级的好评。红一师共产党员和党支部的战斗堡垒作用及动人事迹，被刊登在邓小平主编的《红星报》上。

长征到达陕北后，身为红一军团组织部部长的谭政，结合新形势、新任务，反复学习了中共中央政治局瓦窑堡会议通过的《关于目前政治形势与党的任务》的决议、毛泽东在党的活动分子会议上

所作的《论反对日本帝国主义的策略》的报告后，思想非常活跃，他既为党内民主作风的发扬光大、国共合作新局面的到来感到高兴，更为这种气氛所感染，于是，他准备将自己考虑多时的有关红军在新时期政治工作的改进意见写成书面材料，向党中央和中央军委提出来。

1936年农历正月，迎新的爆竹、欢庆胜利的锣鼓与携手共舞的军民，使陕北高原更加春意融融。面对春的“诱惑”，谭政在笔墨纸砚的陪伴下，度过了到陕北后的第一个春节。白天，他伏案书写上党中央和中央军委的“万言书”；晚上，他在昏暗的灯光下继续写考虑已久的对红军政治工作的“改进意见”。

谭政认为，党的工作是政治工作的基础，不管红军在新的形势下怎样改变组织形式，必须保证党在组织上、思想上的绝对领导，一切破坏和分裂党的组织和领导的企图，均须受到无情打击；同时应加强红军部队的管理教育，严格纪律。谭政还就政治工作与军事技术战术的关系提出了新的见解。谭政认为，政治工作必须有高度的集中与严格的纪律，形成统一的意志，整齐的步调，协同一致的作风，以保证提高部队军事技术和战术素养，提高战斗力。谭政还对领导干部和政治工作机关的作风提出了明确的要求，他要求政治工作领导干部要有单独判断问题、解决问题的能力及敢于负责解决问题的毅力；政治工作机关要真正地建立集体领导和个人分工负责的制度。

3月26日，谭政终于完成了洋洋万言的《关于军队政治工作的问题》，并及时向党中央上报。谭政的这篇文章，对我军政治工作从土地革命战争向抗日战争的转变，发挥了重要的指导作用。同时，这篇文章也是谭政投身革命以来，悉心研究军队政治工作理论的一次全面测试，深得毛泽东、罗荣桓等同志的好评。

当时一位首长在看了谭政的“上书”后，曾风趣地问谭政说：谭政呀，给你十发子弹，你能命中十个敌人吗？

谭政实实在在地回答说：“打死靶子差不离，打运动目标一个也不保险。”

那位首长说：“那你就别拿枪了，好好地用你的笔。你那支笔用好了，战斗力是不可估量的。”

**坚持抗战勤耕耘　著书立说探路人**

1936年6月，谭政进入中国抗日红军大学，参加了第一期受训。“西安事变”爆发后，谭政以优异的学习成绩从红军大学毕业，到红军后方政治部任组织部部长。1937年6月，升任后方政治部主任。

抗日战争全面爆发后，中央军委成立总政治部，毛泽东兼总政治部主任，谭政升任总政治部副主任，同时兼任八路军后方政治部主任。在这期间，谭政一方面组织领导了军、新四军在敌后坚持武装斗争和创建、发展、巩固抗日民主根据地的政治工作；另一方面，他又以敏锐的政治思维，运用特殊的武器——手中的笔，坚持在抗日战争的烽火硝烟中为八路军的发展探险拓路、著书立说。

针对抗日战争是民族解放战争这一特点，谭政撰写了《论革命军队的政治工作》一文，他指出：八路军的宣传教育工作，要依据马克思主义的基本原理和中国共产党的现时政策，把阶级教育和民族教育统一起来；而统一战线中的

中国抗日军政大学纪念馆内的抗大旧址景观

教育，又是阶级教育的重要组成部分。

为了正确对待知识分子干部，谭政撰写了《八路军、新四军的干部政策》一文，文章送毛泽东审定，受到了毛泽东的称赞，刊登在《八政杂志》上。谭政在文章中指出，革命的知识分子是八路军、新四军干部中的新鲜血液，应当大量吸收、适时提拔；仇视知识分子、忌妒知识分子是错误的。

抗战期间，谭政还撰写了不少关于军队政治工作方面的论文，主要有：《敌人在华北的现行政策》《华北已进入艰苦斗争的阶段》《论敌军工作的目的与方针》《敌军工作的当前任务》《关于八路军的干部问题》《论八路军政治工作的传统与作风》等。这些论著，不仅有力地指导了八路军、新四军政治工作的开展，丰富和发展了我军的政治工作，而且在理论和思想上进一步号召和团结了广大军民，激发了更大的战斗力。

1943年，谭政担任陕甘宁晋绥联防军副政治委员兼政治部主任。1944年，兼任留守兵团政治部主任。这一期间，受党中央和毛泽东、周恩来的委托，谭政在西北局高干会上作了《关于军队政治工作问题的报告》。这篇经毛泽东、周恩来修改，后经扩大的中央书记处会议通过的报告，陈述了我军政治工作的基本原则，总结了八路军、新四军思想建设和政治工作的基本经验，解决了我党历史经验、领导方法与工作作风上的许多问题，是八路军、新四军政治工作问题的全面总结，也是继《古田会议决议》之后，我军政治工作的又一重要历史文献，中共中央曾给予高度评价。1944年4月20日中央宣传部和总政治部联合向全党和全军发出通知，要求全党干部和全军连级以上干部都应认真研读这个文件。同年10月1日，总政治部再次发出《对研究谭政同志政工报告的意见》的指示。随着“报告”精神在全军的深入贯彻，八路军、新四军的思想建设和政治工作，在抗日战争结束前夕，出现了一个崭新的局面。

**告别延安赴关东 “口舌战”“笔战”从未停**

1945年抗日战争胜利后，蒋介石加紧了发动内战的准备。为了应付内战，粉碎蒋介石可能对解放区发动的大举进攻，9月19日，中共中央提出了“向北发展，向南防御”的战略方针。为了先期夺取并控制东北，中共中央和中央军委果断决定，抽调主力部队和大批干部到东北去，开辟东北根据地和打败蒋介石的新战场。

谭政接到中央的调令后，依依不舍地告别了从井冈山到延安一直与之共事的毛泽东主席，立即动身由延安转赴东北开展斗争。

建立和发展东北根据地的斗争是一项艰巨而又复杂的工作，而打通干部、战士的思想又是重要的前提条件。为此，担任东北民主联军政治部主任的谭政，遵照党中央和中央军委的指示，深入扎

实地在广大指战员中，进行争取东北、建立巩固的东北根据地的政治教育。坚强有力的政治工作，保证了人民解放军东北野战军1947年冬季攻势作战的伟大胜利。

东北野战军在战场上的节节胜利，使人民解放军在东北战场同国民党军决战的时机逐步成熟。为了实现辽沈战役的作战方针，谭政再次主持召开了东北全军政治工作会议。谭政强调指出：必须下大力气解决部队成分不纯、思想不纯、作风不纯的问题。1948年1月16日，谭政在东北军政大学干部大队作了《关于人民军队建军路线的报告》。谭政在该报告中明确指出：坚持中国共产党领导是人民军队的最主要经验和基本特点，具有高度的政治觉悟是人民军队区别于一切旧军队的显著特征；官兵一致基础上的内部团结是人民军队战胜敌人的力量源泉；加强军政军民团结是人民军队立于不败之地的可靠保证；整顿和改善机关作风是人民军队打胜仗的客观需要。经过充分的政治动员和新式整军运动，东北人民解放军各部队的政治觉悟得到了极大提高，战斗情绪空前高涨。

1948年9月12日，辽沈战役发起后，谭政和他领导的解放军东北野战军政治部深入前线各部队，大力开展战时政治工作，为辽沈战役的胜利奠定了基础。

辽沈战役之后，解放军东北野战军按照中央军委的命令，十个纵队及全部特种兵共八十万人，在“打进关里去，解放全华北，解放全中国”“到北平、天津过年”等口号的鼓舞下，以疾风骤雨之势，先后分路由省峰口、冷口等处越过长城，开始了具有历史意义的大进军。进军途中，谭政及野战军政治部指示部队要利用一切空隙，开展政治动员，反复进行“入关作战”“解放华北”“解放全中国”和“将革命进行到底”的教育，提高了部队的政治觉悟和革命积极性，极其有力地保证了进军任务的完成。

1948年12月17日至20日，东北野战军主力部队先后抵达天津地区，完成了对平津地区敌人的分割和战略包围。

**纵横驰骋　笔耕不辍**

平津战役开始后，谭政主管战前的政治工作。在战前进行攻坚战的各项准备时，谭政积极指导部队作好政治动员工作。他号召部队“打响进关第一炮”，争创“打好仗、团结好、政策纪律好”的“三好”战斗连队。在攻打天津前夕，谭政向部队宣布了“约法八章”，提出争取“军政双胜”“秋毫无犯，原封不动”的口号。这些行动口号和措施，保证了攻打天津的部队模范地执行了城市政策和纪律。攻克天津之后，担任天津市军事管制委员会主任的谭政随攻城部队入城，检查了部队在天津执行城市政策、纪律的情况，并于1949年1月19日向中央军委写了《关于攻城部队作战勇敢纪律良好及情况的报告》，受到了中央军委的好评。中央军委于21日立即将此报告转发给各中央局、各中央分局、各前委，借以鼓励全军士气，增强纪律性。

平津战役之后，谭政贯彻中央军委的方针，为改编傅作义部队做了大量艰巨且细致的工作。

在饮马长江、进军中南、横扫国民党军残部残匪的艰苦斗争中，谭政针对该地区山脉连亘、河流纵横的复杂地势条件及少数民族头目与国民党残匪武装相勾结的实际情况，指导部队坚持军事

谭政同夫人王长德合影

谭政一家人的珍贵合影

打击与政治争取并举的方针，要求部队严格执行新区政策和群众纪律，以争取民心，最大限度地得到人民群众的拥护。由于政策得当而及时，中南军区胜利完成了肃清国民党军残部、残匪和少数民族地区民主改革的历史任务。

中华人民共和国成立后，针对和平环境中出现的斗志涣散现象，谭政着重抓了部队各级党委的思想建设和连队党支部的整顿。1953年6月1日，谭政在中南军区召开的支部工作会议上，以“关于整理党的支部工作问题”为题，作了总结报告。报告强调：在新的形势下，要抓住增进党内团结和党群团结这两个环节，支部工作就能提高，成为战斗力量的堡垒、团结的核心和任务执行中的保证者，支部的作用就能发挥出来。

主政总政治部工作后，谭政参加了全军政治工作条例和干部政治教育大纲、文化教育十年规划制定，提出了《建军新阶段中政治工作的若干问题》的新思维。并以此为题，在党的八大会议上作了重要发言。谭政认为：在新的历史条件下的现代战争中，技术条件的重要性

大大提高了，而我军在军事科学、技术和现代指挥方面的知识不是很多，而是很少，技术的薄弱仍然是当前军队建设的一个重要问题；但是，我们强调技术的重要，并不是主张可以降低人的作用和政治因素的作用，相反的，人的因素始终是战争中的决定因素；在技术条件日趋复杂、兵种增多、战争更加残酷的条件下，更需要发挥人的作用；技术是由人掌握的，任何新的技术只有同人结合，才能发挥作用，因此必须巩固部队的内部团结，发扬民主传统，使官兵的积极性、创造性得到发扬，只有这样才能大大提高部队的战斗力。

谭政在党的八大上的发言被编入八大的文件汇编之中，中共中央军委作为建军的重要文件印发全军。

作为我军专门从事政治工作的军事家和政治工作的杰出领导者，谭政以其求实的态度、积极的思维、辛勤的耕耘，不断著书立说，对人民革命战争的胜利和中华人民共和国成立后军队现代化建设，对革命军队的政治工作的创建及其发展，从理论到实践，都作出了重大贡献。正如谭政八十寿辰时，徐向前元帅给他的贺信中所指出的：“您对人民军队的政治工作的建树，您对革命的功绩，是永不磨灭的。”

（本文选自《文史春秋》）

# 浙西雄鹰、苏南卫士——陈慕天

文/沈而立

陈慕天

陈慕天（1923—1943 年），原名陈小观，化名陈木天、陈必达，浙江桐乡濮院镇人。1939 年秋加入中国共产党，曾任中共濮院区委书记、新四军第六十六旅连指导员等职。1943 年 2 月 1 日，在大茅山与敌遭遇战中英勇牺牲。

**少年抗日　拒用日货**

1923 年 1 月，陈慕天出生在桐乡县濮院镇东河头十景塘一个手工业工人家里。八岁那年，父亲送他进濮院镇敬业小学。在学校里，陈慕天用功读书，成绩优异，是个好学生。放学后，他总是主动地帮助父母做一些家务，有时还帮助街坊邻居买盐沽酒，是一个人见人夸的好少年。

1931 年九一八事变后，东北三省沦陷。1932 年 1 月 28 日，日军又向上海发动了进攻。日本帝国主义的侵略行径，激起了全国人民的抗日怒潮。这一运动也迅速波及桐乡的濮院镇，镇上到处贴满了“国难当头，同胞速醒”“打倒日本帝国主义”“提倡国货，抵制日货”等抗日标语。濮院镇敬业小学抗日气氛也十分浓厚，陈慕天所在的三年级班主任刘仲明老师更是满怀抗日激情。他不仅经常向学生们宣传抗日道理，还特意给陈慕天和同学们讲了“飞将军李广”的爱国故事，并悲愤地向他们控诉了日军在东北杀人放火的暴行。李广的爱国精神、日军的暴行在陈慕天幼小的心灵里刻下了深深的烙印，激发了他抗日爱国的火热情怀。在老师的鼓励下，他不仅和同学们上街高唱抗日歌曲、宣传抗日道理，而且还是濮院镇上倡导国货、抵制日货的小模范。

当时雨鞋在镇上出现，陈慕天所在的敬业小学三年级大多数学生在雨天都穿上了崭新的雨鞋。对此，陈慕天心里羡慕不已，多次向父母要求买一双雨鞋。父亲拗不过陈慕天的软磨硬缠，从生活费中挤出一些钱，在1932年春天给他买了一双日本产的雨鞋。陈慕天拿到雨鞋时，别提心里有多高兴了。但当他看到雨鞋上有“日本三B牌”的商标时，脸色一下子由晴转阴，一再要求父亲去换一双国产的雨鞋。父亲再三说明：“这次错了，你就将就用用，下次不买日货了。”陈慕天则坚决表示，宁可雨天赤脚上学，也不穿这双日本雨鞋。陈慕天说到做到，雨天里竟真的赤着双脚，踏着水上学去了。

1934年春末夏初，父亲经商失败，生活日渐窘迫。为减轻父母负担，酷爱读书的陈慕天不顾再过一年就可小学毕业，主动要求辍学。此后，他一边在家里帮父母干活，一边刻苦自学。

两年后，年仅十三岁的陈慕天经亲戚介绍，离开濮院，单身一人去吴兴县善琏镇福昌达绸布店学生意。在那里，他名为学徒，干的却是拾柴、烧饭、洗衣等杂活，农忙时还要到老板的田地里做农活，吃的却是冷饭剩菜，睡的是几块木板拼成的“床”，过着奴隶般的生活。

**参加游击队　踏上革命路**

1937年淞沪会战后，浙西杭嘉湖地区迅速沦入敌军魔掌。日军的暴行激起了人民的反抗，大大小小的游击武装纷纷建立，抗日的烽火染红了浙西大地。

1938年秋天，陈慕天被当时军纪严明、战绩辉煌、规模最大的浙西敌后抗日游击队朱希、汪鹤松部队（简称朱汪部队）所吸引，毅然离开布店，步行到朱汪部队司令部驻地乌镇，参加游击队，在政治部工作。

朱汪部队政治部，是中共地下组织为帮助该部队加强政治工作、改进群众工作而建立的。政治部主持全面工作的副主任徐洁身又是该部地下党支部书记。陈慕天加入该部后，在徐洁身等中共党员的帮助下，很快由一个布店小学徒成长为一个活跃的政工人员。每天，他不是书写、张贴标语，上街演讲，下乡演出，就是到民校、识字班积极宣传抗日道理，以及抗日思想。

1938年11月9日，近万名日伪军分多路围攻朱汪部队。10日，陈慕天随部队由乌镇撤至练市附近的钟家墩。11日上午，朱汪部队被敌以优势兵力四面包围。由于钟家墩南、北、西三面环水，仅有两条路与外相通，不利突围。除陈慕天等部分武装随副司令汪鹤松突出重围，司令朱希用菱桶泅水幸免于难外，余皆壮烈牺牲。

钟家墩血战后，陈慕天随部队撤到临安进行整编、训练。在临安，徐洁身给大家上政治课，谈抗战形势、唱抗日歌曲。刚从新四军军部派来的周达明，给大家讲游击战术课。短期整训提高了陈慕天的军政素质，使他懂得了不少革命道理，初步掌握了游击战术知识。

1939年春天，朱汪部队重返浙西沦陷区，活动在桐乡乌镇至吴江严墓一带。陈慕天在政训处中共党员的影响下，夜以继日地奔波在驻地农村，积极开展地方民运工作，发动群众，先后在驻地成立了“青救会”“妇救会”“儿童团”“救国会”等群众组织。这时，陈慕天接到家里来信，要他回家一次，商量婚姻问题。陈慕天接信后，立即回信：“现在我年纪还小，没有必要考虑婚姻问题，望母亲不要花这方面的心血。”为打消父母促其成家的想法，陈慕天在信末向父母坚决表示：“我决心要抱独身主义。”

频繁的战斗生活，使陈慕天迅速成长为一个智勇双全的游击队员。有一次，部队需快速转移，领导命令陈慕天负责将军需物资运到安全地方。接受命令后，陈慕天通过驻地抗日群众组织，找来了几艘轮船和拖驳。装好物资后，将其伪装成一般的民船，自己也变装成商人，机智地将物资押运到安全的地方，受到了游击队领导的夸奖。

1939年5月，中共浙西特委为了更好地争取朱汪部队，决定将朱汪部队中共支部改建为特支。同年秋天，陈慕天在中共党员的帮助教育下，光荣地加入了中国共产党。

**开辟濮院　建立组织**

1939年底，朱汪部队被国民党苏南行署改编，共产党人在该部队已无法立足。经中共浙西特委安排，陈慕天于1940年1月奉命离开朱汪部队，返回被敌军占领的家乡——濮院镇，开展抗日救亡活动。

新春伊始，正是合家团圆的好时光。但肩负开拓重任的陈慕天，眼看日军在自己的家乡横行无忌，烧杀抢劫，无恶不作，满腔怒火烧得他再也不能在家里享这清闲之福了。回家没有几天，他就走出家门，投入战斗。他利用春节走亲戚的好机会串亲访友、联络旧时的伙伴，还结交店员、工人、农民，了解情况，物色对象。1940年2月下旬，中共浙西特委决定建立中共嘉兴崇德桐乡工委。3月，中共嘉兴崇德桐乡工委的组织委员刘明来到濮院镇，与陈慕天接上了组织关系。在濮院镇十景塘的陈慕天家里，刘明听取了陈慕天关于濮院镇形势和所做工作的汇报后，一起研究了开辟濮院工作的步骤，制定了“以结拜兄弟的方式，团结抗日骨干，谋取合法身份，站稳脚跟，然后从中培养、发展党员，壮大我党力量”的工作方法。

此后，陈慕天根据预定步骤，通过各种渠道，利用各种关系，有针对性地结识了一批镇郊农民，并通过这些农民的关系，结识了年轻而富有正义感的国民党嘉兴县国界乡乡长王毓兰。1940年的农历五月初七，经过周密考察，并报刘明批准，陈慕天在镇郊塘南乡玉湾的许阿二家里，和农民许阿二、胡补荣、王瑞生、沈小弟及王毓兰对天盟誓，结拜为兄弟。在结拜仪式上，经陈慕天倡议，大家一致赞成，兄弟间约法三章：“一不吸烟；二不赌博；三不干坏事。”

通过结拜兄弟的方式，不仅团结了一批抗日骨干，更为重要的是密切了陈慕天与正直、进步的国界乡乡长王毓兰的关系。结拜后不久，陈慕天通过王毓兰的关系，先后谋取了国界乡小学教员和乡事务员的合法身份，从而奠定了陈慕天在濮院镇进行革命工作的基础，为其进一步广泛接触群众创造了条件。

在镇郊农村工作的同时，陈慕天还积极开拓濮院镇的工作。他深入油坊、米厂、商店，有选择地和一些正直而富有正义感、民族感的青年工人、店员交朋友，从和他们话家常、析时弊、谈抗日，发展到借看进步书刊，不断启发他

们的阶级觉悟和抗日热情，然后从中发现一些进步青年，建立党的外围组织。1940年5月底，陈慕天在发展韩起祥、朱树声、潘金海等人为“抗日反汪大同盟”成员后，成立了“抗日反汪大同盟”濮院支部。嗣后不久，又介绍徐明章、李长友、朱良章等人参加“中华民族解放先锋队”。同年7月，经培养考察，并报刘明批准，陈慕天在党的外围组织中吸收徐明章、李长友、朱良章、陈松钧为中国共产党党员，建立了中共濮院小组，组长陈慕天。是月，在镇郊农村的结拜兄弟中，陈慕天发展了许阿二、胡补荣、王瑞生入党，组织了由许阿二任组长的中共米字桥小组。9月初，在陈慕天的启发、帮助、教育下，王毓兰进步很快，经刘明批准，也加入了中国共产党。同月，经中共嘉崇桐工委批准，成立了以陈慕天为书记的濮院支部，下辖濮院镇、米字桥两个党小组。

**镇压汉奸　打开局面**

在濮院建立党组织后，陈慕天边继续进行党的发展、组建工作，边开展抗日救亡运动。他在依靠党员秘密串联发动、广泛结拜兄弟、壮大抗日力量的同时，还利用平时闲谈、学校演讲等多种形式，积极宣传抗日救国道理，揭露敌伪罪行，启发民众觉悟，从而燃起了濮院地区的抗日之火。在陈慕天的领导、组织下，濮院镇上的党员多次在敌据点濮院镇张贴标语，散发传单，制造抗日舆论，激发民众斗志；镇郊党员则多次利用夜幕掩护，破坏敌占区桥梁、公路，以切断日伪军的交通联络。

濮院地区抗日救亡运动的开展，鼓舞了人民，震惊了敌人。日伪为扑灭这星星之火，指使大小汉奸逮捕、拷打、敲诈抗日群众。特别是镇郊南石桥一个绰号叫“尖刀三少爷”的汉奸高善富，更是像疯狗似的到处“咬人”，成为濮院地区抗日救亡运动的主要障碍。

1940年初夏的一天晚上，陈慕天请示中共嘉崇桐工委同意后，率领了一支由近十名党员和进步青年组成的武装小分队，以急行军的速度由镇郊东河头灵官庙桥出发，朝高善富老巢南石桥进军。半路上碰巧抓住了高善富的亲信白阿福，证实了高善富不仅在家，而且戒备松懈，家中仅有一个叫朱奎观的爪牙在服侍他。到达高善富家门口后，陈慕天用手枪逼白阿福叩门高叫：“高站长（高既是汪伪汉奸，又是国民党交通站站长，是个双料特务），塘北来了些先生（国民党游匪的别称）要找你。”房内高善富正躺在床上抽鸦片，听到叫门声，仍不愿起床下枪（烟枪），只叫朱奎观去开门。门外，隐蔽在门边的陈慕天听到门闩响声，迅即推开白阿福，朝天一枪，飞起一脚踢开大门冲了进去。枪声惊破了高善富的美梦，吓得他一骨碌从床上溜到床下。当他被陈慕天从床底下拖出来后，嘴里虽在喊“你们要干什么”，人却吓得瘫倒在地，不能动弹。是夜，在离村半里路的一口池塘边，陈慕天处决了高善富及其两个爪牙。

高善富被处决虽使大多数汉奸的行动有所收敛，但蔡安浜日伪情报员祝阿妹，仍经常出入敌据点王店镇通风报信。为了消除隐患，陈慕天和支部其他同志研究后，决定镇压祝阿妹。

这年初冬的一天晚上，月色朦胧，万籁俱寂。在濮院镇通往蔡安浜的乡村小道上，陈慕天带领十五名党员和基本群众，直扑蔡安浜祝家。由于高善富的被杀，祝阿妹已有所警觉。当他听到门外陌生人的叫门声后，顿感不妙，即利用房后墙邻河的有利地形，翻墙跳河而逃。陈慕天听到“扑通！扑通”的河水声，立即判断出“祝阿妹已跳河泅逃”，快步奔到河边，摸出手枪，朝着已游近对岸的祝阿妹连开两枪，将他击毙在河里。

这一系列镇压汉奸的行动，打击了濮院地区敌伪气焰，振奋了人民群众的抗日热情，使濮院地区抗日之火越燃越旺。抗日运动的高涨，同时也促进了党的组织建设。1940年底，濮院党组织经过全体党员的积极努力，有了飞速发展，党员增至三十五人，支部下属党小组除原有的濮院镇、米字桥外，还新建了国界乡小组。翌年1月，鉴于濮院地区党员数量的增加，为了更好地加强党对这一地区的领导，中共嘉（兴）桐（乡）工委（由中共嘉崇桐工委改建）报浙西特委组织部部长朱辉同意，决定成立中共濮院区委，书记陈慕天。濮院区委下辖濮院镇、塘南乡（米字桥，嘉兴县）、国界乡（嘉兴县）等三个党的支部。其中濮院镇支部书记由陈慕天兼任。2月，陈慕天又在嘉兴泰石乡发展了五名党员，建立了中共泰石乡支部。

**“茶馆”事发　紧急撤离**

濮院地区抗日救亡运动的局面打开后，濮院区委书记陈慕天再接再厉，把眼光投向新的目标——搞武装。

其时，国界乡自卫队队长屠民宝被日本人打死后，队长职位一直空着。陈慕天和前来协助工作的嘉兴县委武装委员马政三商议后，决定由陈慕天争取队长职位，进而掌握自卫队，使它成为一支真正抗日的地方武装。他们首先在自卫队内和几个进步队员结拜兄弟，积极开展对一般自卫队员的争取工作。然后，指示王毓兰在乡里疏通关节。当时，盯着自卫队队长这一职位的还有许多人，其中思想反动的国界乡副乡长兼自卫队副队长夏福庆更是打着“非我莫属”的如意算盘。当他得知陈慕天“夺标”呼声很高后，即想方设法进行破坏。他到处散布谣言，说陈慕天是共产党。在乡政府讨论队长人选会议上，当王毓兰提出选陈慕天时，夏福庆蛮横地打断王毓兰的话，恶狠狠地指责陈慕天是共产党，提出不能让他当队长。会后，夏福庆在自卫队里加紧拉帮结派，并唆使其心腹公开叫嚷“要陈慕天的脑袋”。陈慕天和马政三等商量后，决定和夏福庆公开谈判，见机行事，早日解决此事。

于是就在1941年5月初的一天，陈慕天借商量公事之名，约夏福庆次日中午到崇福庵茶馆碰头。夏福庆认为这是除掉陈慕天的绝好机会，就故作爽快地一口答应。次日中午，天气晴朗，阳光火辣辣的十分灼人。心怀叵测的夏福庆带领施小观、杨阿奎等人，暗藏手枪，走进茶馆，夏福庆看到等候在茶馆的除陈慕天外，还有马政三等人，暗呼不妙，就暗中指使杨阿奎以小便为名出去搬救兵。富有对敌斗争经验的马政三当机立断，也以小便为名，跟到外边。杨阿奎一看马政三跟踪，知行踪已露，拔枪就打。枪声一响，倒下的是杨阿奎，不是马政三。原来马政三早有准备，一见杨阿奎拔枪，就挥枪毙了他。枪声吓得心中怀着鬼胎的夏福庆一下子茶杯落地，不顾一切地拔出手枪，踢倒板凳，推开拦阻之人，想往门外逃命。陈慕天当即摸出手枪对准夏福庆，喝令：“不准

学习结束后，陈慕天被分配在新四军第六师十六旅任连政治指导员。

在连里，陈慕天积极做好干部、战士们的思想工作，经常找干部、战士谈心，是干部、战士的贴心人。战斗前，他积极做好宣传鼓动工作；战斗中，他又总是身先士卒冲锋陷阵，是连里的顶梁柱。同时，战斗之隙，他还充分利用自己丰富的地方工作经验，主动协助地方党组织开展工作。

当时，陈慕天所在的新四军第六师打了几个大胜仗，部队发展迅速，兵员需要量很大。陈慕天深感扩军工作的重要性，他在战斗间隙，写了一封信给濮院的哥哥陈慕凡，信中说："我店近来生意兴隆，经营得法，新店林立，需要伙员，从速送来。"陈慕凡接信后，明白陈慕天信上意思是要其在家乡动员进步青年参加新四军。经陈慕凡多方联络发动，朱良章、张阿大等党员青年，于同年秘密奔赴茅山地区参加新四军。

1943 年 2 月 1 日，陈慕天所在连队在向竹箦桥进军时，途中与大批日伪军遭遇。陈慕天为掩护部队撤离，殿后阻击。激烈的战斗中，他先后毙敌多名，最后身中数弹，壮烈牺牲。

（本文选自中国嘉兴门户网）

动！"夏福庆边假装举手投降，边一把拖过施小观推向陈慕天，自己则乘机扑门而逃。陈慕天推开施小观后，朝夏福庆挥枪就打，但手枪卡壳，夏福庆侥幸漏网。在这同时，施小观乘大家注意力集中在夏福庆身上，悄悄地溜向门边，恰巧被从外边回来的马政三碰上，马政三又顺手一枪打死了施小观。

夏福庆的脱逃，暴露了陈慕天、马政三等人的身份。经组织安排，陈慕天、马政三、盛浩等人于当天撤离濮院。不久，敌十区专署下通缉令，以重金厚赏缉拿陈慕天，陈慕天在嘉兴、桐乡地区已无法立足，组织决定陈慕天紧急撤离。

**转战苏南　血洒茅山**

陈慕天撤离国界乡后，先在洛浦乡一所小学教书，后经组织安排来到了苏南根据地。一开始，他在江南抗日义勇军任连指导员。后来，组织为了培养陈慕天，送他到大茅山新四军教导团学习。

# 中央红军长征的后卫将军董振堂

文／刘邦琨

董振堂

## 宁都起义　投奔红军

董振堂，1895年出生在河北新河农村，1917年考入保定军官学校学习，1923年毕业后在冯玉祥的部队里工作。

1931年春，蒋介石下令调第二十六路军南下江西进攻红军，当南下的第一列火车开到兖州、济宁之间一个叫孙氏店的小站时，董振堂一个团的人全部下来，破坏铁路，拒绝前行。蒋介石闻讯后，先派原国民军旧将领刘郁芬等前往“诱导”，继之以不发军饷相威胁，部队滞留了数日后，只得继续南下。

二十六路军到江西后，奉命参加蒋介石对红军的第二、三次“围剿”。在“围剿”中，董振堂编了一些假情报，并以此为由不肯进“剿”；蒋介石亲自指挥的第三次“围剿”失败以后，又命令二十六路军困守孤城宁都。在宁都，许多官兵因水土不服，染上了疾病，加上医疗条件极差，几个月内就死亡几千人。为此，广大官兵普遍厌战。

在九一八事变爆发后，处在内战前线的二十六路军的广大官兵，纷纷要求回到北方去打日军，并联名写信给总指挥孙连仲。孙连仲也想借此摆脱困境，遂一面电报请示蒋介石，一面下令全军北上。但蒋介石却不让二十六路军离开“剿共”前线。因此，当部队刚向北开拔

六十多里到达湖岭时，便受到重兵阻拦，只得重返宁都。此后，孙连仲丢下部队，到上海治牙病去了。内战外患，使二十六路军爱国官兵义愤填膺，仇蒋反日情绪普遍高涨。

董振堂在大革命时期曾接触过刘伯坚、邓小平等许多共产党人。他一直怀念这些人，但打听不到他们的下落。恰在此时，处于绝密状态的二十六路军中的地下党组织，及时发展了参谋长赵博生加入共产党。赵博生与董振堂是长期共事的河北同乡，就把共产党的主张传给了董振堂和自己要好的军官季振同，三人不谋而合，决定率部起义。

经过一系列的准备工作，二十六路军举行起义的各种条件日臻成熟。这时，发生了一桩意外的严重事件：党组织在南昌的一个地下交通站遭到敌人破坏，中央军委派在二十六路军中工作的王超回上海时，不幸在南昌被捕，二十六路军地下党的两个重要材料被敌人搜去了。蒋介石立即下令，要二十六路军总指挥部严缉刘振亚、袁汉澄（袁血卒）、王铭五三名共产党员，星夜送南昌行营惩处。接着，又派人乘专机送来蒋介石的“手令”，要彻底打尽二十六路军中的中共地下党员。因总指挥孙连仲在上海治牙病未归，“急电”和“手令”都落到当时主持全军工作的赵博生手里。二十六路军中的中共地下党组织，决定尽快举行起义。

毛泽东、王稼祥、董振堂等参与宁都起义的同志在延安合影

12 月 14 日黄昏，按照事前商定的计划，部队开始行动。七十三旅旅部周围的警卫排荷枪实弹。旅部里边，董振堂召开紧急会议，他简短明了地下命令：“今晚要行动，到红军那边去！学兵连要把北门和东门把好，警卫连加强巡逻。李青云到学兵连去！郭参谋到特务连去！……”听了旅长果断的命令，大家立刻分头行动。在细雨蒙蒙的暮色中，旅部贴出新标语：“打倒截断我军北归道路的蒋介石！”“打倒阻止我军北上抗日的蒋介石！”“到红军中去！”接着，几声清脆的枪响划破了夜空，这是预先约定的全城行动信号。各支起义部队听到这振奋人心的枪声，立即行动起来。董振堂的好友、八十旅参谋长边章五控制八十旅，袁汉澄以师生关系争取二十七师参谋处长掌握七十五旅，董振堂率领特务连扼于总部与七十四旅之间，准备策应意外事变。

宁都城里，起义军将国民党的官僚和太太小姐们，三五成群地押进学兵连连部。多数地方的行动都进行顺利，唯有两处遇到顽抗。一处是二十五师师部，起义部队前去捉拿这个师的师长李桦昆时，其警卫人员进行反抗，李桦昆越墙逃走，把驻防在城北四十里砍柴岗的一个团带走了。再一处是二十五师电台，起义部队去夺取时，遭到顽固抵抗。董振堂闻讯，前往策应指挥，十几分钟后，战斗胜利结束。

董振堂回到旅部后，连夜用电话、

信件和派人通知等各种方法号召大家到城外东南角高塔下集合。

15日晨，宁都城里的战斗全部结束，起义队伍浩浩荡荡地向中央根据地进发！部队的前锋是董振堂率领的七十三旅。

起义后，起义军通过电台，向全国发出了《原国民党二十六路军于宁都起义后加入红军宣言》（又称《中国工农红军第五军团宣言》），表示要“永远受中华苏维埃共和国中央革命军事委员会的指挥，永远在中国共产党领导之下”“站到苏维埃这边来”！

16日上午，前来迎接起义部队的刘伯坚，代表中央军委向全体起义官兵宣布组成中国工农红军第五军团的命令，并颁发了委任状，董振堂为红五军团的副总指挥兼十三军军长。

### 保卫苏区　屡建奇功

二十六路军起义加入红军后，中央军委调何长工任十三军政委，并嘱咐何长工，到十三军后抓紧研究批复董振堂的入党问题。实际上，十三军改造得很快，各项工作都走在十四、十五军的前面。董振堂还经常带着十三军各级干部到红一、三军团和中央各机关参观学习。毛泽东、项英等亲自接见他们，并同他们亲切谈话。董振堂早就对毛泽东主席佩服得五体投地，这次，他亲眼见到了毛主席，又亲耳聆听了毛主席的教导，受到了很大的鼓舞。到红一军团参观之后，他撰写了《模范的红五团》一文，学着老红军的样子做，经常言传身教，培养自己的下级。

1932年春，红三军团攻打赣州失利。中央军委交给红五军团的任务是：掩护三军团撤出阵地，防止敌人从城里冲出，阻击城外增援的敌人。这是红五军团组建以来的第一仗，董振堂表示：坚决完成任务，人在阵地在。他命令红五军团开上去，用猛烈的炮火顶住前来救援的敌军主力陈诚的十一师，顺利地掩护红三军团安全撤下来，任务完成得很漂亮。

红五军团政治部主任刘伯坚对董振堂的过去是了解的，对其从宁都起义以来的一系列表现都看在眼里，完全同意尽快批准董振堂入党。

1932年4月，中共苏区中央局正式批准董振堂入党，董振堂将自己在旧军队中积蓄起来的钱全部交给了党。毛泽东知道这件事后很受感动，亲自来到红五军团，找到董振堂说：“振堂啊！你对共产党的忠心，我们都看得清清楚楚，你过去节约下来的钱不要全交嘛，寄一些给家里，留一点自己用。”董振堂却说：“革命了，我把一切都交给党了，还要钱干什么！”毛泽东握住董振堂的手久久不肯放开：“我们的革命是艰苦些，要钱没钱，要粮没粮，需要的就是觉悟起来的人为革命捐资助红。”

不久，毛泽东以中华苏维埃共和国主席的名义亲自指挥东路军发起漳州战役，董振堂率部参战，此役歼敌第四十九师主力的大部，这一胜利，使红军筹到了大量的物资和现款，同时也扩大了党和红军的政治影响。漳州战役后，红军声势浩大。广东军阀陈济棠、余汉谋在蒋介石挑动下，纠集二十个团的兵力，从江西南部向中央根据地扑来。1932年6月底，中央红军一、三、五军团根据中央军委指示，到达南康、信丰、大余地区，准备打击进犯赣南的敌人。此时，董振堂已继季振同之后，任红五

军团军团长。这一次，他带领红五军团开到前线后，首先命令侦察科长、作战科长和下属各级干部了解敌情。他听完汇报之后，又找老百姓座谈，询问敌军是从哪里来的，带了什么武器等。经过周密调查之后，才部署了这次作战。7月8日，他率领红五军团在南雄、水口墟附近与敌接战，打成对峙，敌进入水口墟固守待援。9日，余汉谋以两个师又一个旅向水口墟增援。红一、五军团和红十二军与敌展开激战，董振堂亲率四五千名手持大刀的红军战士奋勇拼杀，敌人抵挡不住，溃退下去，伤亡三千多人。

8月，董振堂又率部参加了北线的宜黄、东安战役。同年冬，进军赣东、闽西的黎川、建宁、泰宁。每次战役都取得了辉煌的战绩。因指挥作战有功，12月中旬，在中央苏区军民隆重纪念宁都起义胜利一周年时，毛泽东主席亲自将红旗勋章别在董振堂的胸前，并称赞他是卓越的指挥员、常胜将军。

在红军队伍里，董振堂对毛泽东在运动中歼灭敌人、避其主力、各个击破的军事指导思想很是佩服，他利用游击战术沉重地打击了敌人，取得了一个又一个的胜利，他在边打击敌人边学习红军经验中提高自己，越战越猛，功勋卓著。1933年春，董振堂又带领红五军团参加了第四次反"围剿"战役。在黄陂、东陂战役中，红五军团与红一、三军团密切配合，歼灭了蒋介石的嫡系部队五十二师、五十九师和十一师等部，击毙敌军师长李明，生俘敌军师长陈师骥。这一辉煌战绩更使董振堂和红五军团声威大震。

在第五次反"围剿"初期，中革军委命董振堂率领红五军团在黎川东北的间口打击进入苏区的敌军。他与三军团紧密配合，英勇作战，一举歼灭敌人三个团，俘敌旅长以下官兵一千一百多人。"左"倾领导人被这次胜利冲昏了头脑，李德命令五军团和三军团立即在黎川以北建立阻击阵地，坚决阻击进攻的国民党军，同优势敌军展开"堡垒阵地战"。虽然红五军团以打阻击战著称，但所赖以阻击敌人的阵地堡垒也不过是一些临时的掩体，根本经不起敌军炮火的轰击，加之后方弹药供应不上，五军团的弹药奇缺，全部轻重机枪、自动步枪俱因无弹停用，步枪每支平均子弹不过五发。在这种情况下，董振堂凭着对党的一片忠诚，率领五军团的红军战士，与敌军进行了殊死奋战，节节迟滞敌人的进攻。广昌失守后，董振堂又将部队撤到地势险要的建宁，继续执行对国民党军队进攻的阻击任务。建宁是中央苏区阻挡敌军进犯的重要屏障，蒋介石为了打开通向中央苏区的大门，将其嫡系精锐陈诚调来。但是，红五军团在董振堂的率领下，配合一、九军团，依托建宁一带险要的地势，顽强地阻击敌人达半年之久。在整个第五次反"围剿"中，五军团自始至终都是在死死地抵制着敌军的进攻，更打出了五军团的威风。

### 长征路上　坚固后卫

1934年10月，由于中共临时中央的"左倾"领导，第五次反"围剿"失败了，中央红军不得不进行艰苦卓绝的战略转移——长征。

长征一开始，红五军团就奉命担任后卫，掩护全军安全转移。在董振堂接受担任全军后卫重任的同时，他也迎来了一向为自己所敬重的中央红军的重要领导人刘伯承。刘伯承本来是红军总部的参谋长，因得罪了军事顾问李德，被贬到五军团当了参谋长。这对刘伯承来说是一种委屈，但对董振堂来说，在最困难的时候能有一位享誉全军的军事家来助阵，是求之不得的。

11 月 27 日，担任前卫的红一、三军团到达湘江，在湘江两岸建立了宽三十公里的渡江地带，但是，因中央纵队和军委纵队负重太多，贻误了战机。而这时蒋介石为了堵住这一缺口，调动了中央军、湘军、桂军、粤军和黔军共几十个师的兵力从四面八方向中央红军压迫过来，为了确保军委纵队有充足的时间强渡湘江，红五军团必须在后面阻止国民党正规军的追击。

为了堵住国民党“追剿”军的追击，红五军团在渡口、土地圩一带激战两天两夜，堵住了敌军的尾追。12 月 1 日是红五军团全线战斗压力最大的一天，全军团已经出现严重伤亡，但由于中央纵队和军委纵队还未完全渡过湘江，军团的防御阵地不能有丝毫的松动。董振堂比任何人都清楚，他的身后就是中央首脑机关，如果他顶不住，那么整个红军将会陷入绝境，于是他凭着一股坚韧不拔的毅力和参谋长刘伯承始终战斗在第一线，率领红五军团像铁闸一样紧紧地堵住了几十万国民党的军队。当中央机关全部渡江的消息传来，已经几天几夜没合眼的董振堂才松了一口气，并迅速与刘伯承作出决定：全军撤出战斗，向湘江西岸渡去。

中央红军在进入广西北部时，因广西军阀和地方反动地主武装的阻挠，队伍行进很慢。周浑元、吴奇伟的纵队很快就从后面赶了上来，殿后的红五军团边打边退，好不容易掩护主力红军进入贵州，国民党军仍然尾追不放，红五军团的处境十分艰难。一次部队进入贵州境内的一座大山中，红五军团被国民党地方武装截断了去路，后面又遭到优势敌人的追击，加上弹药缺乏，几次冲杀都未能成功。董振堂遂令大刀队埋伏在山腰草丛中，又命令一部分持枪的战士在山顶故意暴露，装作停止战斗的模样。敌人发现后，一窝蜂地向山上冲。待敌人冲到山腰时，董振堂一声令下，顿时一颗颗手榴弹向敌群飞去，把敌人炸得血肉横飞。董振堂率部队乘势猛冲猛杀十多里，狠狠地打击了猖狂一时的敌人，胜利掩护了主力西进。

红军在西进中减员较多，12 月下旬，当部队到达贵州黄平县时，中央军委决定在这里进行整编。经过整编，将红八军团与红五军团合编，把两个团合并成一个团，两个连合并为一个连，大大提高了战斗力。

1935 年 1 月，先头部队攻下了遵义城，红五军团在遵义东南方向布防。军团长董振堂、政委李卓然接到了参加中央政治局扩大会议（遵义会议）的通知。因为董振堂要布防和检查部队的设防情况，李卓然先走一步，后来由于战事吃紧，董振堂未能参加这次重要会议。通过这次会议，纠正了“左”倾的军事错误，肯定了毛泽东为代表的正确军事路线。得知这一消息，董振堂异常高兴，他对将士们说：“早就希望毛泽东出来领导红军了，只有毛主席带领红军，红军才能打胜仗。如今，毛主席又出来领导我们，红军就一定能战胜前进中的困难。有了毛主席指挥，红军就一定能消灭敌人，摆脱困境，完成北上抗日大业，

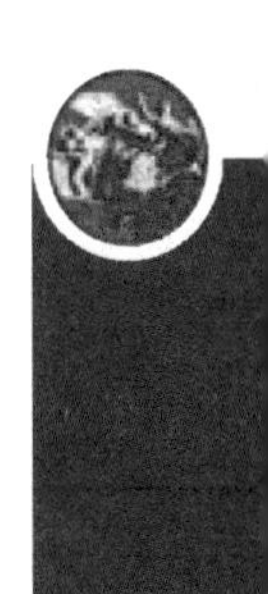

我们东北人就一定能回到东北去与家人团聚。”

正是由于董振堂率红五军团在遵义城东南布防阻止了国民党“追剿”军的追击，才确保了遵义会议的顺利召开。董振堂为党和红军又立了一大功劳。

遵义会议后，红五军团仍然担负着后卫的重任。月底，党中央决定向东进军，在川南渡过长江，与活跃在川北的红四方面军会合。为了实现这一战略意图毛泽东指挥中央红军的主力对黔北的土城发动了攻击，红五军团作为一支主力也参与了攻击作战。由于情报不准确，原以为敌军在土城方向只有四个团，结果国民党川军前来增援，土城敌军增至八个团。中央红军进攻土城失利，陷入了十分被动的境地，前有川军的重兵阻截，后有国民党“追剿”军的追击，同时在黔东的黔军也乘机反扑，形势十分严峻。毛泽东毅然决定：红五军团断后，阻击随后追击的国民党精锐主力；红一军团在前开路。中央红军主力火速强渡赤水，进至云南北部，摆脱国民党军的围追堵截。

董振堂接到任务后，指挥红五军团在土城至赤水之间建立了数道防线，坚决阻止国民党军从后面的追击，确保了中央红军主力安全渡过赤水河。待中央红军渡过赤水后，红五军团立即掉转头，在很短的时间内摆脱了与敌人的接触，架浮桥渡过了赤水河，然后毁掉浮桥，将敌军主力丢在赤水河以东。

2月，在毛主席的指挥下，中央红军回师黔东北，再占娄山关和遵义，消灭敌军两个师又八个团，取得了长征以来的第一个大胜利。其间，红五军团一直在后面牵制敌军。为了确保部队充分得到休息，董振堂采取疑兵之计，以一个团的兵力成功地牵制了敌军九个团达七天七夜。

随后，中央红军在毛泽东的率领下，进逼贵阳，调出了云南的滇军，乘云南防务空虚之机，突入云南，抢占了金沙江的皎平渡。由于渡船少，每次中央红军只能渡数百人，要让全军有充足的时间渡过金沙江，必须在后面阻挡住国民党军的追击，这一重任又理所当然地落到了后卫董振堂的肩上。

董振堂领命后，率领红五军团在渡口以南的石板河一带阻击尾追之敌。他亲自察看地形，研究作战方案，在他的指挥下，每个山头上都配置了十人至二十人。这样，既有效地削弱了敌人炮火的杀伤力，又可以不断给敌人以有力的打击，使得敌人始终不敢与红军靠得太近。战斗到第五天，敌人两个纵队聚集山下，准备冲向红军占领的山头。恰在这时，中央军委传来命令：红五军团必须在石板河一线坚守九天九夜，保证红军主力胜利渡江。面对这样严峻的形势，在团以上干部会议上，董振堂严肃地说：“北面就是金沙江，南面就是敌人，我们背水作战，任务完成得好坏，直接关系到全军的安危。红军是整个组织，各军团如手足不可分离，本军团无论如何要完成任务，即令全军无论如何也要掩护一、三军团和党中央安全渡江！”

敌人开始向前沿阵地打炮了，董振堂指挥战士们躲到山背后休息，待敌人炮火一停，他又命令指战员一起跑到山头进入工事，阻击冲锋的敌人。这样一次又一次，直到第九天傍晚，接到中央军委要红五军团撤退的命令，董振堂才指挥全军团人员连夜渡过金沙江。敌人的尾追行动又一次宣告破产。

1935 年 6 月，红一方面军与红四方面军在四川懋功会师之后，红军进入草地。8 月，中央在毛儿盖召开会议后，红军分为左右两路北上，红五军团被分在张国焘、朱德、刘伯承率领的左路军中。此时红五军团奉命担任前卫。在雪山草地上，身为红军总政委的张国焘收缴了红五军团同党中央毛主席联系的电台，并对红五军团进行所谓的“改造”，又安插自己的亲信在红五军团中。

1936 年 1 月，红五军团奉命同红四方面军三十三军合编，改称红五军，董振堂任军长。1936 年 7 月 1 日，红五军在阿坝地区与贺龙、萧克等率领的红二方面军会师，共同北上。由于张国焘分裂主义的影响，红五军指战员历尽艰辛，三过雪山草地，经包座，出腊子口，最后于 1936 年 10 月 8 日在甘肃会宁与红一方面军胜利会师。

**血染河西　壮烈牺牲**

主力红军会师后，党中央和中央军委为造成西北的抗日局面，并打通国际路线，作出了先取宁夏、后取甘西的部署。

1936 年 10 月底，红三十军、红九军、红五军依次渡黄河西进。11 月 11 日，过河部队正式组成西路军，西进河西走廊，建立河西根据地，适时策应河东红军和友军的战略行动。董振堂所率领的红五军仍然担任后卫。12 月，西路军占据永昌、山丹之后，红五军调任前卫，进驻山丹。

为了对付西北军阀马步芳、马步青的骑兵，红五军临时组成一个骑兵团，吕仁礼任骑兵团团长。董振堂亲自抓新建骑兵团的训练工作，并和骑兵团一起从山丹出发，行军西进。他带着十几个人的警卫班和一个司号长走在前面，骑兵团跟在后面。

12 月 7 日，统一的中央革命军事委员会由毛泽东、朱德、周恩来、彭德怀、林彪、刘伯承等二十三人组成。董振堂被选为中央革命军事委员会委员之一，这对他是一个极大的鼓舞，更坚定了他为革命战斗的意志。

1936 年底，董振堂率领红五军首先攻占了临泽县县城，城内守敌仓皇而逃。部队休息几小时后，他又率领四十四团、四十五团、骑兵团（辖三个连）和特务团（辖三个连），总计三千多人，于次日凌晨离开临泽，一举攻占了甘肃西部的高台县城，除一个骑兵加强连闻风而逃外，民团一千余人全部被俘，各种武器弹药都被缴获，反动县长和县政府的所有官吏均被生擒。

进占高台后，董振堂立刻领导大家宣传党的政策，发动群众，斗争恶霸，并在县城文庙广场上召开了斗争大会。会上，当场逮捕了大恶霸王天佑、卢怀植和国民党县党部书记长王兆德。董振堂在会上讲了话，他号召群众起来闹革命，求解放，支援红军。会后，分了卢怀植的当铺，并打开卢等的粮仓给群众分粮。紧接着，红军又帮助人民群众组织抗日人民政府，成立贫协委员会，组织当地青壮年成立抗日义勇军，将愿意接受改编的民团编入红军。

正当高台人民欢庆胜利的时候，马步芳派马彪、马禄、韩起功等率五个骑兵旅、两个步兵旅和炮兵团、民团两万多人包围高台，切断了红五军与临泽县城的联系，并以一部分兵力钳制倪家营子地区（张掖县）的红军主力，企图消灭红五军。

当时，敌人占据着大片地区，有后方，有补充，西路军则没有根据地，群众基础差，无后方，无补充，人员伤亡一个就少一个，子弹消耗一发就少一发，种种条件对西路军非常不利。狡猾的敌人抓住西路军这个弱点，采取各个击破的战法，集中主力猛攻高台。为了对付敌人的进攻，董振堂立即动员全城军民加强城防。大家把木箱、木柜抬到城墙上，填上沙土，泼水结冰，使城墙加宽加高。城内所有的铁匠，不分昼夜地锻造大刀、长矛，以补充武器弹药的不足。董振堂还把城内分为若干防区，分别派兵固守。

1937 年 1 月 5 日，敌人开始向城内射击，形势一天天紧张起来。

从 1 月 12 日起，敌人调集了八倍于守城红军的兵力，接连不断地向高台城发起猛攻。先是用炮火轰击城墙，打开缺口后，就抬着云梯，挥舞马刀，向城墙拥来。守城的红军战士同敌人在缺口上拼刺刀，反复冲杀，直到将敌人打退。像这样的冲杀，一天有许多次。一到夜间，红军战士就忙着修补缺口，以利天明再战。

高台城墙实为一个大土围子，高不到两丈，顶上又窄，很难组织火力。守城红军在人力和弹药方面都遭受了很大损失，形势越来越严重。女同志、炊事员、饲养员和机关人员都上了城头，没有子弹，就用大刀、枪刺同敌人拼杀，有的红军战士用石头砸、用手抓、用牙咬，还有许多受了伤的同志，抱住敌人，滚下城头与敌人同归于尽。董振堂深知处境的严重性，准备在必要时组织力量突围。但就在这时，接到政委黄起派人送来的一封信，说总部命令，一定要坚守高台。于是，董振堂立即在东城的天主教堂召开营以上干部会，命令大家："坚决守住高台！我们人在阵地在，誓与高台共存亡！"

1 月 18 日，敌人将西关的民宅院落的墙壁全部打通，又一次大规模地向红军发起进攻，但仍被守城红军击退。

1 月 19 日上午，形势危急。董振堂带领五十多名干部战士，举起拳头，庄严地向党宣誓："我们要流尽最后一滴血，战斗到底！"

1 月 20 日凌晨，敌人倾其全力，再次冲上城墙。守城战士浴血奋战，用最后的手榴弹及石头、瓦块同敌人进行殊死的争夺和厮杀。正在紧张搏斗的时刻，被收编的民团中的少数坏分子乘机打开城门，敌人像疯狗一样拥进城内。经过八天八夜的激战，高台城沦陷了。

董振堂带着两个警卫员和一个司号长，从东门以北的城墙上冲了出去。敌人围上来，他因左腿负伤，半跪在地上，手使双枪轮番向敌人射击。最后，子弹打完，壮烈殉职。红五军主力三千多人，除极少数同志逃出虎口外，全部英勇牺牲。

董振堂牺牲后，红军广大将士无比悲痛！人民永远怀念董振堂将军！

（本文选自《文史月刊》）

# 忠骨留荆土　英名壮楚天

文/周发全　熊廷华

向警予

向警予同志是中国共产党第一个女中央委员，中共中央第一任妇女部长，中国工人运动、妇女运动的杰出活动家，被誉为“我国妇女运动的先驱”“中国的蔡特金”。向警予同志的革命生涯——也是她生命历程的——最后一段战斗在湖北，将她为共产主义奋斗的最后一滴鲜血洒在荆楚大地。荆土有幸埋忠骨，楚天万世扬英名。

## 一

向警予是湖南溆浦人。1919年赴法国勤工俭学。1922年回国，加入中国共产党。后在中共二大、三大、四大连续当选为中央候补委员，历任中共中央妇女部部长、中共中央妇女运动委员会书记。1927年3月从莫斯科东方大学学习回国后，向警予来到大革命中心——武汉，投身火热的大革命浪潮。鉴于她具

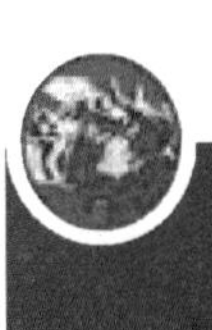

有丰富的群众工作经验，武汉工人运动既举足轻重又错综复杂，党中央派她到武汉市总工会工作。她充分施展自己的才华，日夜穿梭在女工中间，很快得到广大群众的爱戴和拥护，在很短的时间里组织六万女工于赤色工会之中，受到全党一致赞誉。

党的五大后，向警予被调任到湖北省总工会工作，同时担任汉口市委宣传部主任。这时，蒋介石已经发动反革命政变，武汉政治形势变幻莫测，大革命已处于十分严峻的关键时刻。向警予白天奔走于大街小巷、厂矿企业组织群众、宣传群众；夜晚处理案头事务，编辑宣传材料，同时组织举办各种训练班，邀请瞿秋白、恽代英、任弼时等著名共产党人讲课，为处在风口浪尖的武汉工人运动指明正确的方向。

5月中旬，在蒋介石策动下，驻防宜昌的国民革命军独立十四师夏斗寅部叛变，乘北伐军激战河南、武汉兵力空虚之际，勾结四川军阀杨森向武汉进攻，企图颠覆武汉国民政府。在此危难之际，武汉国民政府根据中共中央建议，以担任武昌卫戍任务的二十四师为主力，以中央军事政治学校和农讲所学员组成中央独立师，一同开赴前线平叛。向警予专程赶到南湖参加学兵团支部会议，向军事政治学校学员作战前动员，要求广大学员奋起还击，英勇杀敌，积极投入保卫武汉的斗争。在平叛战斗的关键时刻，向警予又率武汉工人代表团亲赴纸坊前线慰问，给广大官兵以极大的鼓舞。

7月中旬，武汉国民政府反革命面目彻底暴露，在军队中公开“清党”，在政治上严厉“分共”，国内局势急转直下。为挽救革命，寻求中国革命的正确道路，中共中央决定举行南昌起义，同时举行武汉工人总同盟罢工。根据中央这一战略部署，向警予和中共湖北省委、武汉市委负责人奔走于大江两岸，进行了一系列卓有成效的组织准备工作。8月2日，武汉工人总同盟罢工爆发，七万名工人游行示威，同国民党展开顽强抗争。“八二”总同盟罢工虽然由于国民党的残酷镇压而失败，却充分显示了工人阶级不屈不挠的斗争精神，在政治上有力地揭露了武汉国民政府的反革命面目，有力地支援和配合了南昌起义。

## 二

大革命失败后，武汉笼罩在一片白色恐怖之中，党的工作被迫转入秘密状态，一批已经暴露身份的著名共产党人陆续被调离武汉，派往各地掌握工农武装力量，反抗国民党的屠杀政策。中央考虑将向警予转移湖南，向警予却认为武汉工作十分重要，要求留下来坚持斗争。中央同意了她的要求，并调她到湖北省委工作。

由于党的负责人大幅变换，“八二”总同盟罢工失败，武汉党的各级机构尤其是基层组织已很不健全。向警予和省委的其他同志一道，首先着手恢复、整顿武汉三镇党的组织，并将过去按照工会系统建立的工人党支部，改为按照地域的生产机关为单位建立工人党支部，实现“以地域来划分”的指挥方式。她冒着生命危险战斗在第一线，进行个别谈话，组织各种会议，帮助建立秘密工会，恢复和健全党的组织，领导群众进行斗争。

在革命最危急的关头，党的八七会议确立了土地革命和武装反抗国民党的总方针，决定在湘、鄂、赣、粤四省发

蒙塔尔纪女子公学。蔡畅、向警予等曾在此学习

1920年，蔡畅（左一）、向警予（左七）等勤工俭学学生在蒙塔尔纪女校的合影

1920年3月21日，枫丹白露公学的勤工俭学学生发起在法国的勤工俭学学生召开游艺大会。图为游艺会后合影

动秋收起义。向警予坚决执行八七会议决议，参加了湖北秋收起义的领导工作。她代表湖北省委向来自全省各地的二十多名代表传达了八七会议精神和省委部署。她和省委其他成员一道，先后从武汉派遣四百余名党团员下乡工作，并动员一批思想觉悟较高的工人到农村和军队参加武装斗争。同时，还选派一批地下工作者到汉阳兵工厂采购枪支弹药，千方百计转运各地支持秋收起义。

秋收起义期间，我党掌握的武汉国民政府警卫团因错过参加南昌起义的时机，转入江西修水，静待时局变化。该团三名党员负责人辗转来到武汉找到向警予，请示今后的工作。向警予向他们传达了八七会议精神，要求他们立即返回部队，以警卫团为基础，把湖南、湖北的农民集中起来进行军事政治训练，必要时编入部队，参加秋收起义。她还代表湖北省委拨给警卫团三千元现金作为活动经费，并选派六名党员干部参加该团的领导工作。后来，这支队伍开到江西铜鼓，与毛泽东领导的起义部队会合，成为湘赣边界秋收起义的主力部队。

向警予与丈夫合影

10月上旬，湖北省委改组，向警予负责省委宣传部的工作，并主编省委机关报《大江》，指引湖北各地党组织领导人民群众进行艰苦卓绝的斗争。她撰写的社论和时评，文笔犀利，一针见血，像刺向敌人的一把把匕首。她编写的《告士兵歌》《鄂省通讯》等宣传品，用通俗的“三字经”“四字经”形式，揭露敌人，教育群众，令人热血沸腾。她的《大江复活与纪念“二七”》一文，向在国民党血腥镇压下坚持斗争的群众发出了亲切温暖的呼唤：“《大江》愿做你的伴侣，和你们永久共甘苦，同生死！《大江》愿做你的明灯，在黑暗中照着你们走上光明的大路！《大江》愿做你们的后台，替你们细诉冤苦，在湖北的鬼世界里发出工人阶级的正义之声！”

## 三

1927年11月，宁汉战争爆发，桂系军阀进驻武汉，开始对湖北进行更为残酷的黑暗统治。他们疯狂杀害共产党人和革命青年，激起人民群众的无比愤恨。中共湖北省委决定举行全省年关总暴动。

当时，敌我力量悬殊，暴动几乎不可能成功，向警予对此虽有疑义，但由于“泛暴动”思想在党内占据主导地位，也只能委曲求全。她和武汉党的地下组织经过二十多天酝酿准备，制订了占领市政府、警察局、邮政局的暴动计划，绘制了暴动地图，并组织工人通过各种渠道弄来一些枪支、手榴弹和炸药。向警予准备暴动以后，带领一支队伍到农村去开展游击战争。

就在湖北省委紧锣密鼓地准备举行年关总暴动的时候，广州起义和长沙“灰日”暴动失败，中央明令湖北省委停止年关暴动计划。就在这时，省委地下印刷厂被破坏，年关暴动消息泄露，敌人随之展开大搜捕、大屠杀，党的机关接连遭受破坏，省委领导人有的牺牲、有的撤离，一批党员干部和工人骨干惨遭杀害，年关暴动无形流产。

湖北省委随即改组，向警予成为省委负责人之一，也成为敌人搜捕的主要目标。敌人收买叛徒、派遣特务四处侦探，几天之中牺牲的同志达三千多人，向警予的处境越来越艰难。在异常险恶的环境下，她仍然义无反顾战斗在第一线。有人建议她离开武汉，她说：“大风大浪的时刻，一定要沉着镇定！武汉三镇是我党重要的据点，许多负责同志牺牲了，我一离开一时无人支撑，就是说我党在武汉失败，这是对敌人的示弱，我决不能离开！”

1928 年 3 月 20 日，向警予被法租界巡捕房逮捕。在巡捕房，她用流利的法语质问法官：这是中国的土地，你们有什么权利审问中国的革命者，你们把法国大革命的历史都忘记了吗？你们法国人不是鼓吹自由、平等、博爱吗？法国总领事为向警予的才学、胆识和人格魅力所折服，以致拒绝国民党武汉卫戍司令部“引渡”的要求。武汉卫戍司令部电请国民政府通过外交途径进行干预，才将向警予“引渡”过来。武汉卫戍司令部软硬兼施，三番五次对向警予进行审讯和折磨。面对敌人的酷刑和屠刀，向警予横眉冷对，坚贞不屈，严守党的机密。国民党一无所获，大失所望。

我国妇女运动的先驱向警予

向警予被捕后，党中央千方百计组织营救，武汉工人群起劫狱，都没有成功。5 月 1 日凌晨，国民党军警戒备森严，如临大敌，向警予面带微笑走向刑场，不停地向沿路送行的群众讲演。一位名叫胡南生的学徒，为向警予的大义凛然、视死如归所感染，毅然寻找共产党人，要求加入党的组织。当天晚上，海员工人、共产党员陈春和冒着生命危险，用小船将向警予烈士的遗体运过汉江，掩埋在古琴台对面的六角亭边。中共中央得到向警予英勇就义的消息，在上海召开了秘密追悼大会。1929 年，国际赤色互济会《牺牲》杂志专门载文纪念向警予牺牲一周年。1939 年，毛泽东在延安纪念三八节大会上高度评价向警予革命的一生，号召大家学习这位“为妇女解放、为劳动大众解放、为共产主义事业奋斗了一生”的“模范妇女领袖”。同年 7 月，周恩来在延安女子大学成立大会上指出，向警予是我党第一个

向警予故居

女中央委员，第一任妇女部部长，英勇牺牲了，我们不要忘记她，号召大家向她学习。1978年，在向警予牺牲50周年的时候，邓小平亲笔为向警予烈士墓碑和纪念文集题字，表达党和人民对烈士的深切怀念。

向警予同志短暂而光辉的一生，崇高而壮美，热烈而伟大。她从小就立下献身革命的理想，发誓要干一番轰轰烈烈的事业。走上革命道路后，她深深扎根在人民群众之间，被人们亲切地称为“大姐”。她常说，身边没有群众，就算不上真正的共产党员。她立场坚定，爱憎分明，不畏任何艰难险阻，对革命事业总是充满信心。她追求真理，勇于探索，恪尽职守，任劳任怨，始终忠于党和人民。向警予同志身上表现的共产党人的政治本色，是我们党的宝贵精神财富。

向警予同志精神不死！

（本文由中共湖北省委党史研究室供稿）

# 西路军女杰张琴秋被俘之后

文/蒋 巍 雪 扬

红军女将张琴秋

1937年1月下旬，时任西路军总政治部组织部部长、有孕在身的张琴秋，跟随部队从倪家营子突围到山上（1936年7月，她与小她两岁的陈昌浩结婚，时正怀孕）。

搜山的“马家军”愈来愈近。眼见逃生无望，时年三十二岁的张琴秋擦了擦眼泪，背靠一块岩石，举起手枪，对准自己的太阳穴，扣动了扳机……

一声空响，张琴秋浑身一震，枪里没子弹了。

搜山的敌人越来越近，许多衣衫褴褛的西路军战士被敌人从山洞、石缝等藏身的地方搜出来，连踢带打地押送到山下。

张琴秋把手枪卸得七零八散，扔到山崖缝里，然后钻进一个隐秘的山洞。这时敌人也懒得搜山了，他们知道，逃到山上的西路军余部早晚得下山寻找生路，于是封锁住各个路口。两天后，饥肠辘辘、口干舌燥的张琴秋拄着一根树棍，摇摇晃晃出现在山下，在路口被敌

人抓获。她穿着破破烂烂的灰军装，头上包着一块又脏又旧的灰布，脚上穿的是麻袋片外加草鞋。如果不是那身灰军装标明她是西路军的女战士，从外表看上去简直就像一个乡下老太太。

战斗结束了，西路军数千官兵成了战俘。从意志薄弱的战俘口中，敌方得知，西路军最大的官，男的是徐向前，女的叫张琴秋，张琴秋操浙江口音，是从苏联留学回来的大知识分子，在共产党和红军中的地位十分了得。马步芳下了死令，一定要抓到徐向前和张琴秋，活要见人，死要见尸。

敌方一个旅长听部下说在路口抓到一个女的，立即下令把人带到他那里，他要亲自审问。张琴秋进屋后，那位旅长定睛观察张琴秋半天，突然把手枪往桌上一拍，开口就问："你是不是张琴秋？"

张琴秋摇摇头，装傻说："我不是，张琴秋是谁？"

旅长大喝一声："不是张琴秋，留着没用，拉出去毙了算了。是张琴秋，我们还要优待。"

张琴秋不动声色，她在川陕苏区工作期间，学了一口地道的四川话。她从容地用四川话说，我叫苟秀英，是四川巴州人，在家里受穷，为混口饭吃，跑到红军里当了伙夫。

敌旅长早就听说张琴秋是红军中的高官，有模有样的大知识分子，"会讲五国语言"，眼前这个女人蓬头垢面，却跟四五十岁的四川乡村婆子没什么两样。便一挥手，令手下人把她关押到一个大场院里。

场院里关押了上百名西路军战士。张琴秋不等大家开口，便大声介绍自己说："我叫苟秀英，四川人。"挤在一处的十几名女俘会意地点点头说："来，过来坐，挤一点暖和。"

这些女战士，她们已经身陷囹圄，惨遭奸污毒打、折磨引诱，却没有一个人暴露"苟秀英"的真实身份。

1937年初春，"马家军"押送大批红军战俘到青海，沿途被枪杀和病死的达两三千人。到达西宁后，男战俘被送至外地修筑公路，女的则被送到西宁市区各工厂做苦工，"苟秀英"被打发到义源羊毛厂分拣羊毛。

马步芳滥杀百姓和战俘的暴行，经国内外媒体报道后，引起全国人民的严正抗议，也引起部分国民党上层人士的批评。为平息舆论，马步芳把一批年轻的女战俘集中起来，组织了一个"新剧团"，给前来视察的南京政府高官和社会各界人士演出，以掩盖其残暴罪行。被选进这个剧团的王定国（后为谢觉哉夫人）、蔡元贞、黄光秀（已被迫嫁给马步芳为妾，却依然心向红军）等人一直深为张琴秋的安全担心，她们密商了一个解救张琴秋的计划，先以剧团需要有人做饭为由，把"苟秀英"要到剧团伙房里。这件事很快办成了。不久，黄光秀利用自己的特殊身份，对马步芳建议，红军战俘中有一对恋人杨万才、赵全贞，应当为他们举行婚礼，以安抚人心。马步芳听了，觉得这是给自己涂脂抹粉的好机会，当即点头同意，并让手下一员干将把"新娘"赵全贞收为"干女儿"。

其实，杨万才和赵全贞并非恋人，二人冒着危险，假称恋人，要求结婚，唯一的目的是设法把张琴秋要到家里当"老妈子"保护起来。自此，张琴秋以"老妈子"的身份潜伏在杨万才和赵全贞

跃马持枪的红军女将领——张琴秋

张琴秋与沈泽民结婚照

张琴秋

家里，准备伺机出逃。

时过不久，原红四方面军骑兵师师长马良俊在敌人的威逼利诱之下叛变了，他向马步芳告密，据红军战俘私下传闻，张琴秋没死，眼下就潜伏在西宁城内。马步芳立即下令在全城搜捕，大街小巷到处张贴着悬赏一千块大洋捉拿张琴秋的告示。但敌人万万没有想到，那个整日在他们眼皮底下出出进进，拎着菜筐上街买菜，灰头土脸、步态蹒跚的村妇就是他们要抓的张琴秋。

一天，赵全贞家突然来了一位薄施脂粉、淡扫蛾眉的不速之客。她叫杨绍德，原是西路军妇女独立团的一个排长。此人被俘后，嫁给国民党青海省党部的一个科长卢澄。在赵全贞家的院子里，她与张琴秋劈面相遇。杨绍德脱口叫了一声："张部长，你在这儿呀！"

杨绍德回家后，便把发现张琴秋的事情悄悄告诉了丈夫卢澄，卢澄又迅速密报给南京政府驻青海省党部的特派员李晓钟。

事后，张琴秋思虑再三，与其坐以待毙，不如直入虎穴。蒋介石政府与马步芳这类地方军阀向来矛盾重重，貌合神离，未尝不可以利用。

在王定国陪同下，张琴秋主动上门，对杨绍德进行了"回访"。不出所料，卢澄和李晓钟满脸堆笑，以礼相待，然后开始了政治"攻心"。

卢澄说："蒋委员长一向很反感马步芳独霸一方、胡作非为的作风，眼下抗战新兴，国共两党已经决定合作，你只要发表个声明，宣布脱离共产党，就可以在国民党里做事……"

李晓钟说："只要张女士同意，我们就可以帮助你离开青海。"

李晓钟是想把张琴秋当成"厚礼"送给蒋介石，以加官晋爵。看来有机可乘，但张琴秋不动声色地说："我和许多难友生命安全毫无保障，这个问题不解决，其他事情无从谈起。"

此后，李、卢果然对发现张琴秋的事情守口如瓶，没有惊动马步芳。不久，机会来了，南京政府要举办抗战训练班，李晓钟、卢澄等人奉命去庐山受训，马步芳出面远送。他万万没想到，他送走的不仅是南京方面的特派员，还有他朝思暮想缉拿的张琴秋。张琴秋和吴仲廉（西路军女干部）正藏身在随行的一辆窝子（一种轿子放在车上的马车）里，连马步芳粗重的说话声都听得清清楚楚。

李晓钟、卢澄等人带着张琴秋、吴仲廉经兰州到达西安后，立即派宪兵把张琴秋、吴仲廉抓了起来，并于1937年8月14日押送至南京。正是日军大举进犯上海的八一三事变的第二天，她们被关进南京"反省院"就无人问津了。

其时国共合作大局已定，抗日统一战线已经形成。四天之后，正在南京与国民党谈判的周恩来、叶剑英，来到"反省院"看望被关押的同志，见到张琴秋、吴仲廉等人，周恩来激动地说："我们一直在设法找你们，终于在这里找到了！"1937年8月27日，张琴秋等终获释放，启程前往延安，这一年她三十三岁。

（本文选自《扬子晚报》）

# “浙南刘胡兰”——郑明德烈士

文/王　倩

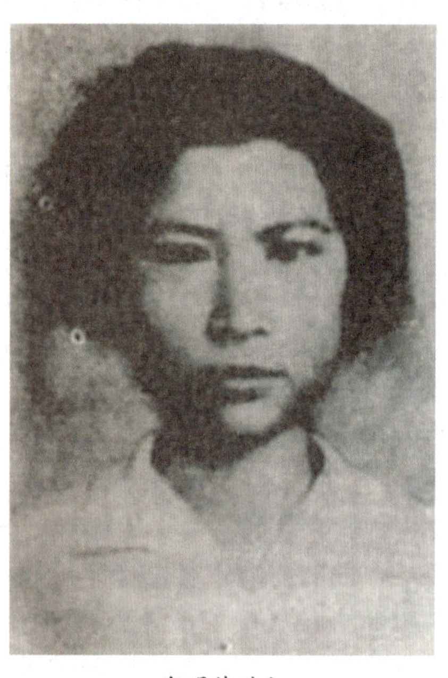

郑明德烈士

十六岁，现在看来正当花季，正是在学校琅琅读书的年华。而当年的郑明德，已是有三年对敌斗争经验，身负革命重任的革命骨干。也是十六岁这一年，她带着对党的无比忠贞画上了生命的句号，留下了人人称颂的美名——“浙南刘胡兰”。

郑明德于1925年出生在一个革命家庭，党的教育，使她政治上很早熟。她的父亲郑海啸，是中共平阳县委书记。她的家在平阳西南的凤林村，是浙南最老的游击根据地之一。当年的中共浙江省委书记刘英常常住在她家里，逗她唱歌，给她讲革命故事。

抗日战争全面爆发后，十三岁的郑明德，积极参加抗日救亡工作。一次，平阳水头街召开群众大会，她在大会上宣传共产党的抗日主张，痛斥国民党的亡国论，声音脆亮，有条有理，博得许多人的赞许。1938年春天，粟裕同志率领部队北上抗日，中共平阳县委号召群众积极支持，郑明德逐家发动群众赶做军鞋，并把家里仅有的旧被单、破衣服都拿出来做军鞋。在她的带动下，仅有

浙南游击纵队臂章

两百多户人家的凤林村，在短短的时间里，赶做了四百多双军鞋。而这一年冬天，郑明德全家盖的是一条薄棉被。她还积极参加抗日宣传队活动，教歌、演讲、搞义卖、办妇女识字班，样样出色。

1940 年，白色恐怖笼罩着浙南游击根据地，敌人疯狂破坏地下党组织。郑明德没有被敌人的气势吓倒。在一个漆黑的夜晚，她毅然告别多病的母亲和年幼的妹妹，离开了家，随着革命队伍出发了。不久，敌人就点起一把火，把她家的房子烧掉，并抓走了她年幼的妹妹。国民党残暴的手段更加坚定了郑明德的革命意志。她和同志们“身住密林大深山，天然山洞当房间”，经受着一次又一次的磨炼。

她在平阳县委宣传部设的流动“红星”图书馆工作期间，行军中不要同志们的帮助，硬是背着二三十斤重的图书和宣传品，跟随部队前进；到了宿营地，她不仅做好本职工作，而且热情地教歌教识字，向群众宣传党的主张；在军政干部训练班，她起得早，睡得晚，努力学理论，认真做笔记。刘英同志常找郑明德谈话，启发她提高观察、分析问题的能力。在党的关怀下，郑明德这朵革命的鲜花，盛放在浙南这片沃土上。

1941 年 3 月 的一天，郑明德度过了她有生以来最幸福的日子。她站在鲜艳的党旗下，庄严地宣读誓言：“为共产主义事业奋斗到底！”

7 月 16 日，郑明德等十多名同志在转移到瑞安公阳时，被敌人发觉了。当时，郑明德脚病发得厉害，加上一昼夜的急行军，饥饿、劳累一齐袭来，后来，腿部又被敌军子弹打中，鲜血直流，行动更困难了。同志们要背她走，她为了保存党的力量，坚决谢绝援救。同志们只好含泪把她隐藏在山坑里。狡猾的敌军顺着血迹搜索，郑明德落到了他们的魔爪之中。

郑明德被捕后，先被押到瑞安。国民党平阳县县长、杀人魔王张韶舞得知郑明德是中共平阳县委书记郑海啸的女儿，欣喜若狂，马上把她押解到平阳。

开始，张韶舞亲自审问，而得到的结果却是被郑明德驳斥得哑口无言。尔后，张韶舞派他的爪牙郑学沛到监狱里去劝说，企图以同乡之情软化对方，遭到郑明德的痛骂。

张韶舞只好再次亲自出马，带着丰

盛的酒菜来到狱中假献殷勤。但是，郑明德满腔怒火痛斥张韶舞，叫他别看错了人。她说：“我恨不得剥你的皮，抽你的筋！”这次劝降又告失败，张顿时凶相毕露，立即叫刽子手把大刀架在郑明德的头颈上。郑明德脸无惧色，斩钉截铁道：“要杀就杀！我死也不会把秘密告诉你们。”这时，张韶舞黔驴技穷，命匪兵对郑明德进行了惨无人道的刑罚，先是上老虎凳，然后又把她倒吊着用一碗碗辣椒水往她鼻孔里灌。敌人的酷刑丝毫摧不垮郑明德的坚强意志，尽管几次晕过去，可始终没有吐露出有关党一丝一毫的情况。她回答敌人就是这么一句话：“要么把我放出去，要么枪毙我。别无其他。”

郑明德被捕后，中共平阳县委曾多次设法营救，但因敌人的监视严密，未能成功。郑明德得悉组织要来劫狱的风声，马上托人带信：“敌人戒备森严，千万不要冒险，不能为我一个人使部队遭受损失。”但郑明德却时刻关心着同志们的安全，有一次，郑明德从女看守那里探悉国民党保安团在部署兵力，准备向瑞安边境游击区进攻，她立即设法把这情报送出去，使游击队得以及时转移，避免了损失。

1942年6月27日，杀人魔王张韶舞对郑明德下毒手了。郑明德从容地拖着脚镣，走出牢房。因郑明德受重刑身体很弱，双脚溃烂，匪徒们把她按在人力车上拉向刑场。在押赴刑场的路上，她发现自己脚上穿了一双新的力士鞋，就用脚把它踩了下来，对拉人力车的老人说：“我们都是穷人，这双鞋你收起来吧！以后可以穿。等会儿国民党把我枪杀了，这双鞋也会被他们劫去的。我什么也不能给他们。”车夫含着眼泪，停下了车。一旁的匪徒狂喊狂叫，用枪托打着老人，捅着他前进直到刑场。

在“打倒国民党卖国贼”“共产党万岁”的响亮呼声中，刽子手气急败坏一阵乱枪，十六岁的郑明德倒在了故乡的土地上。但她那青春的火花光华夺目，永恒地闪烁在人间。

（本文选自《杭报》）

浙南游击根据地

# “牺牲”过两次的女红军——王桂兰

文/杨　燕

王桂兰

十一岁，没有名字的她参加了红军，红军给她取了个名字——王桂兰；第一次战斗，她用手中的手榴弹狠狠地砸向敌人，并缴获了一支手枪；过草地时，发高烧昏死过去的她被误认为已经牺牲，半夜里，大雨浇醒了她，她挣扎着爬回了帐篷；抗日战争期间，她被称作“娃娃女县长”。

## 报血仇，十一岁参加红军，扬眉吐气第一次做了自己的主人

二十世纪二三十年代，为了还债，六岁的王桂兰被卖到了地主家。

王桂兰每天天不亮就得起床，烧水做饭，伺候地主家一大家子人。她又瘦又小，干什么都要搬个小凳子，一不小心打烂东西，就少不了一顿毒打，屁股和背上常常留下十几个青紫的印子。

有一次王桂兰又被毒打，爹娘闻讯赶来找地主评理，恼羞成怒的地主又逼王家还债，王桂兰的父亲又急又气，含恨而死。父亲死了，王家的天就塌了，欠的债更还不上，地主带着人硬收了王家仅有的一亩活命田，并带人挖田地里的王家祖坟，王桂兰的妈妈拼命阻拦，一头撞在墓碑上，撒手人寰。

1932 年 12 月，红四方面军由陕西

南部进抵四川北部的通江、南江、巴中地区，开始了创建新根据地的斗争。被多次买卖的王桂兰也逃回了老家。一天，在老灌场上，王桂兰看到赶集的人们都挤在大青树下，她也好奇地挤进人群。原来是红军在审判几个恶霸地主，宣传革命、招募红军。看到逼死爹娘的地主和地主婆也在里面，王桂兰扑上去要他们偿命。一个女红军扶起王桂兰，对她说："要报仇就参加红军！"

王桂兰来到招兵站，一个大个子问她："你多大了？为什么要当红军？"王桂兰一边抽泣着一边回答说："十一岁了。他们逼死了我的爹娘，我要报仇！我要跟着你们闹革命！"

大个子红军一边帮王桂兰擦泪一边说："干革命不兴哭。叫什么名字？"王桂兰回答说："从小到大，人人都叫我小女子。"

"你总有个姓吧？"大个子红军又追问道。

"我爸姓王，都叫他王老汉。"王桂兰的话把大伙都逗笑了。

大个子红军说："好！我们要你啦。名字嘛，我给你取一个，就叫王桂兰吧，桂花的桂，兰花的兰。当红军就改变了咱穷人的命运，咱穷人也要富贵他一次，红红火火地开一次花。"

从那天起，王桂兰就剪掉辫子，戴上八角红星帽，穿上蓝军装，当上红军，走上了革命道路。

**上战场，战斗中显神威，为自己夺得第一支枪**

随着一大批妇女参加红军，红四方面军组建了清一色的妇女武装——红色妇女独立营。王桂兰被调到少共妇女部部长李金莲身边当勤务员。

1933年10月，刘湘集结川军各路势力，向川陕苏区和红四方面军发动六路围攻，企图把红四方面军消灭在大巴山地区。红四方面军进行了勇猛的抗击。战斗进行到第七天，总部命令妇女独立营乘夜急行军至青岗棵，伏击可能溃逃的敌人。妇女独立营在营长吴朝祥和少共妇女部长李金莲的带领下，翻山越岭，悄悄从敌人封锁线中插了过去。第二天到达了预定位置时，却发现山头已被敌人占领。为保证完成任务，营领导布置了攻击方案，可连续进攻了几次都没有成功。这时，敌人发现对手全是女兵，就高兴地怪叫、乱喊起来："哈哈，'红匪'全是女的呀！没什么可怕的！""喂，过来吧，给我们当姨太太享福吧……嘿嘿……哈哈……"

这种侮辱激怒了女战士们，大家群情激愤想冲上去拼命。吴营长稳住大家，察看了地形后说："让他们再狂一阵子，李金莲带两个排从右山谷绕到敌后发起攻击，我带部队正面逼近，打他个措手不及！"

王桂兰跟随李金莲顺山沟绕到敌后。那些家伙完全不把女红军当回事，正嘻嘻哈哈地乱作一团，毫无防范。待靠近敌人后，李金莲举起驳壳枪高喊一声："打！"女战士们就把手榴弹投进了敌人堆里。还没等敌人醒悟过来，就猛冲进敌人堆里与敌人拼打起来。王桂兰手握剩下的一颗手榴弹，像使用铁锤一样拼命砸向敌人的头部。血溅了她一身，可她一点也不害怕，心里只想着，这是她第一次亲手为爹娘报仇，要多杀几个敌人。

吴营长听到枪声，也率部队冲了上来。两面夹击，山野里回荡的女高音不是在唱山歌，而是令敌人胆寒的喊杀声："缴枪不杀！""放下武器，红军优待俘虏！"

战斗中，眼尖的王桂兰发现一个装死的敌人正偷偷摸出手枪，准备射击吴营长，她飞起一脚，枪响的同时手枪飞落在吴营长的脚边。枪打偏了，吴营长拾起枪在手中掂了掂，用枪抵着被王桂兰踩着脖子的敌军官的脑袋，轻蔑地笑笑，然后对王桂兰说："干得不错，小同志，这算是你缴的枪，我代表营部把枪交给你，用它多消灭敌人！"

年少的王桂兰人没有步枪高，一直未配枪。现在，有了手枪，心里别提有多高兴了。战斗结束后，她把手枪别在腰间，神气地在人群里走动，经过战斗的洗礼，她觉得自己这个娃娃兵已成为真正的红军战士了。

**过草地，饥饿、伤痛、泥沼夺去无数年轻的生命，王桂兰奇迹般"死而复生"**

1935年8月，红一方面军、红四方面军合编后分为左右两路，在毛儿盖集中后向北挺进。王桂兰跟随右路军从毛儿盖向班佑地区进发。

茫茫的大草地分为旱草地和水草地。一开始还好走，战士们大都设法弄到一根柳木或槐树棍子用于探路。走了二百多里，就进入了荒无人烟的水草地。到处是水，只能踩着浮在水面上大小不一的草墩上行走，一不小心就滑进烂泥里，越挣扎越往下陷，几分钟就将人吞没了。

红军走过的草地

大草地天气反复无常，一会儿太阳晒得头昏，一会儿云雾翻腾，倾盆大雨中夹着冰雹，浑身淋透让人冻得发抖。晚上找一块高台地，用斗笠、油布、被单支一支过夜，又大又狠的怪蚊虫，叮的战士们满身是包。更糟的是粮食吃完了，拔草根、找野菜，最后连羊皮褂也当粮食吃了下去。

王桂兰和几个女同志是抬着伤员走，一步两滑，你陷下去她爬出来，满身是泥。大概这样走了三四天，她的肩头磨破的地方化脓发炎，感染后发起了高烧。伤员不能丢，战友不能丢，她咬着牙硬挺着艰难地一步一步向前走。走到了宿营地，王桂兰一头栽倒再也爬不起来，昏迷过去了。

夜里，王桂兰恍惚听见战友呼唤她的名字，可她怎么也讲不出话，睁不开眼睛，听见有人说："可惜，这个小同志不行了，这么小就牺牲了。哎，不要让老鹰野兽吃了身子，向她告个别埋了吧。”大伙身体虚弱，又找不到挖坑的工具，就从草地里搬些泥块、草墩子，把王桂兰盖上，草草垒成一个小坟包，算是安葬了她。

下半夜，下起一场暴雨，雨水中夹着雪粒，冰冷的雪水灌进了坟包，刺骨的寒雨竟然给王桂兰降了体温。透过冲开的坟包裂口，王桂兰深深地呼吸着冷空气，慢慢抖着身体，渐渐挤开了“坟墓”，咬咬牙坐了起来。听到动静，半睡半醒的同志们睁眼一看，吓得忙往后退。王桂兰招招手，说:“我还活着，给我一点热水喝！”惊呆了的同志们才围上来，把她拉进被单搭建的帐篷里，给她披上被子，送上热水，让她吃下了仅有的一点青稞粉。就这样，王桂兰奇迹般地活了下来。第二天，为了让王桂兰尽快恢复，战友们抬着她，轮流背着她走了一天。第三天，王桂兰感觉好多了，她想着不能再拖累同样虚弱的战友，便坚持自己跟着走。一路上，看着座座用草掩埋的坟茔，她心如刀绞。小坟包上放置着缝着红五星的军帽，没有墓碑、没有姓名，许多战友把自己燃烧的青春生命，留在了这片茫茫的草地。

**为抗日，“娃娃女县长”忙碌中染上怪病，又一次与死神擦肩而过**

到达陕北后，王桂兰加入了中国共产党，并作为培养对象被送往延安女子大学深造，毕业后被派往甘肃省曲子县当了副县长。

那时，王桂兰的工作很多，天天忙得不知睡、忘了吃。她要带领群众清匪反霸、减租减息，组织地方武装；要组织群众加强生产，多打粮、多养牛羊；还要动员妇女们做军装、做军鞋支援前线。那时候，她整天风风火火地工作，与老乡们打成一片，吃一锅饭、睡一张炕，不少老乡认她做“干女儿”。群众也十分信任她这个十六七岁的县长，都亲热地叫她“娃娃女县长”。

可能是太忙太累，王桂兰染上了怪病，高烧不退，被送往延安中央医院救治。当时医疗条件差，药品匮乏，虽进行了医治，王桂兰仍高烧不退，入院六天后，王桂兰昏死过去，经抢救无效宣布“牺牲”，她被抬进了医院外一间停尸房中。

当夜，王桂兰只觉那天特别冷，她被冻醒过来时，觉得口干舌燥、嗓子冒烟，听到门外山下哗哗的流水声，就翻起身从战友的尸体上爬过去，推开没有上锁的破门，慢慢顺着山坡向溪水边爬去。也不知爬了多长时间，终于爬到了溪水边，她把头埋进水里，咕嘟……咕嘟……直到肚子里装满了冷水，她才仰面躺在地上。月亮弯弯地挂在天上，远处有狼在高一声低一声地嚷叫，看着月亮，听着狼叫，她又昏睡过去。

第二天早上，同志们准备抬尸体去掩埋，数了数发现竟少了一具，以为叫狼拖走了，四处找碎尸，终于在山沟底发现了王桂兰，她又一次奇迹般地生还了。

人们都说王桂兰命大、命硬。王桂兰自己不这么看，她说是因为她的革命任务还没有完成，她还要为革命成功再去拼一把！

（本文选自《云南日报》）

# 回忆定陶战役：痛击骄横敌军

口述 / 许克杰　整理 / 何怡欣

定陶战役是我们打了陇海战役以后的又一个战役。当时部队已经比较疲劳了，也没有补充。按照党中央毛主席的指示，我们在陇海、陇北要休整半个月，整顿补充一下军需，然后继续战斗。但是敌人不允许，我们二纵、六纵、三纵、七纵，四个纵队只有五万人，而蒋介石集中了三十万人，六倍于我军的敌人向我们围攻过来了。在这个形势下，刘邓首长根据党中央毛主席的指示，决定要迎头痛击。敌人要围攻我们，我们就要奋起抗击。首长分析了敌情和人民群众的情况，最后决定先打西路之敌，因为东路是国民党第五军和第十一师、八十八师，这些是国民党的主力，容易打成僵局。

许克杰

西路的敌人有整三师、四十一师、四十七师，数量比东路多。最强的就是整三师。整三师是由国民党的第十军整编而成，抗战的时候参加过缅甸战争。师长赵锡田是江苏溧水人，是蒋介石的得意门生，是黄埔军校的学生。赵锡田疯狂得不得了，他根本没有把解放军看在眼里。赵锡田狂妄地叫嚣着，要用不到两个礼拜攻占鲁西南。首长根据情况分析，决定先打赵锡田，以后再各个击破，因此一开始就采取了运动防御。第一仗就是十八旅在东路阻击了一下，然后后撤。第二仗就是我们在“白毛军”阻击，这一仗要打得硬一点。这是关键的一仗，这仗打得好就可以留在晋鲁豫，打不好就得撤回太行山。所以这一仗必须打胜。

运动防御消耗敌人，我们在运动防御当中消灭敌军一千二百人，打死两个团长。运动防御时就疲惫敌人、消耗敌人，这都是上级的指挥。到“大轧机”阻击的最后，不准敌人前进，部队把敌人围起来。我们要分清有哪个敌人好打，哪个敌人不好打，什么时间好打，什么时间不好打。敌人有好打的，也有不好打的。整三师是它的主力，也是王牌，还不能把人家当成豆腐。我们连续两天都是晚上打，晚上发起攻击。敌整三师一个营离我们只有二十公里，旅长指示，这一仗的关键是要消灭敌整三师，必须

定陶战役中我军使用的坦克

定陶战役

定陶战役

不惜一切代价把这个营打下来，这样我们才能获得胜利。

发起进攻后的第三天上午，纵队又开了干部会，重新传达了刘邓首长的指示，那就是烧蒲草的精神，就是不要命了，也要和敌人拼到底，把所有的子弹、手榴弹都统统打到敌人身上，一定要完成任务。首长在军区下达任务，王司令首先请战：“请首长把最艰巨的任务交给我们。这个纵队打成一个旅，我当旅长，打成一个团，我当团长，打成一个连，我当连长，就是最后都打光了，我们对得起太行山的父老乡亲。”王司令的表态就是我们的态度，他表示的决心就是我们全纵队的决心。我们要不惜一切代价把敌整三师二营“吃掉”。我们就是这样接受了这个任务。会议当晚的23时30分，我们发起总攻。发起攻击的时候，首长又来到六纵队，说你们放心去打吧，我给你们做后盾。全纵队听说首长和我们一起参战来了，情绪更是百倍增长。

当时王司令的指挥所离前沿只有八百米，团长、政委都到了前沿。当地的老百姓说，你们解放军打得真厉害呀，把天都打红了。这个战斗不是说一攻就破的。五十三团、四十九团开始报告，我们经过激战，打到了敌人一个房子。一会儿又报告，敌人又返回来了。就是这样反复争夺三四次。在这个关键时刻，四十六团、四十七团投入战斗，攻进去以后，和敌人争抢争夺，在拉锯。最后在拂晓时把敌人压在两个大院子里。团政委带领战士们往院里扔手榴弹。四十六团迫击炮连的一个战士拿着迫击炮跑过来，抱着迫击炮，装上炮弹，把墙上打了一个洞，然后战士们先往里面扔了两个手榴弹，再一个一个钻进院子里，最后把敌人赶出来了，光那一个院子就赶出来三百多人。到了老百姓吃早饭的时候，敌人全部解决了。

十七旅五十团伤亡很大，打得只剩下八十多个人。团长、政委带着炊事员、警卫员等“八大员”都投入了战斗。开始还有棺材，后来就是一块白布，最后连白布都没有了，什么都没有了。所以我们的胜利是战士们用他们的鲜血换来的。

我军在追击过程当中，把敌军整三师全部歼灭，把敌军四十七师的一、二旅歼灭。这次战役我们共歼灭敌人四个旅。所以毛主席给刘邓首长发来电报，毛主席特别高兴，庆祝歼灭整三师的大胜利，全面嘉奖全军。

定陶战役的胜利、中原突围的胜利，再加上苏中打击，这三个胜利扭转了南方战局。在定陶战役胜利之后，毛主席把定陶战役作为解放军学习的典范。

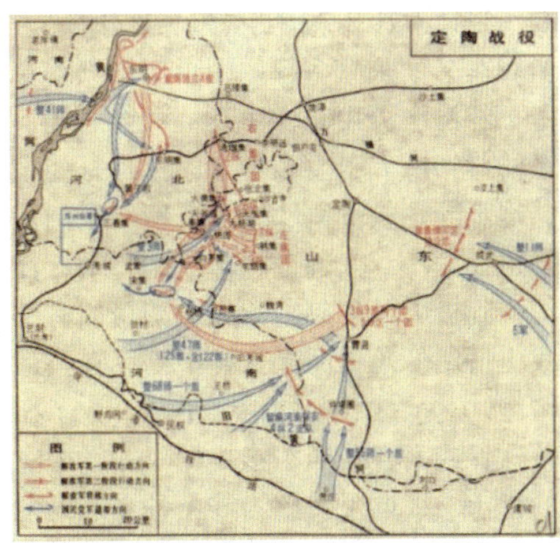


定陶战役示意图

# 忆塔桥之战

文 / 谢长华

1941年1月的皖南大地，腥风血雨。蒋介石制造了震惊中外的皖南事变。但我新四军战士并没有被他们的反动气焰吓倒。在党中央的领导下，新四军军部又重新组建，队伍不断发展壮大。

当时，日军正值猖獗，为彻底消灭新四军，他们在苏南开始了大规模的"扫荡"，并且很快扩张到苏中、皖中、皖南；伪军也积极参与日军的"扫荡"；国民党亦在暗中支持，三方势力互相勾结，狼狈为奸，企图再置新四军于死地，新四军又面临众多新的困难。不仅全军上下经济十分困难，而且各村镇之间严密的封锁线和各要隘林立的据点，使根据地不断地被分割、缩小。新四军的兵力也在缩小，大部分根本无法行动，活动受到极大的限制。敌人的猖獗使有些战士情绪低落，而老百姓中则存在畏敌情绪，对抗战胜利的信心不足。为了扭转这种局面，新四军指战员根据党中央的指示，采取了化整为零，各个歼灭的战术，派小股部队深入敌后，在人民群众的通力合作下，开展游击战争，狠狠打击敌人，成为华中地区一支强有力的抗日武装。

**大力的支持，充分的准备**

1942年9月间，奉皖南支队首长的指示，我（当时担任支队独立营营长）和支队参谋邓福生同志带领着一支由十一人组成的小分队，深入无南地区，准备寻机对薄弱之敌予以突然打击。在中秋节的前两天，我们到了离无为县六十里的塔桥附近，准备进攻设在那里的日军据点。当时正是黄昏，残阳如血般照射着大地。经过一天的跋涉，我们感到疲乏极了，真恨不能在草丛中睡上三天三夜。可是重任在身，耽搁不得呀！我们在树林中休息了一会儿，便在夜幕降临时进了近处一个只有十几户人家的小村庄。日军据点就设在离村庄十几里的地方。

刚到村口，几个正在纳凉的人从远处见到我们，吓得拔腿就跑。后来，听我们说是新四军，便高兴得像得到什么似的，纷纷打开院门，把我们拉到屋中，又烧水、又做饭，还把平时积攒起来的、连他们自己都舍不得吃的东西拿出来。我们一边吃，一边向老乡们了解日军据点的情况。一提起塔桥据点的日本士兵，老乡们个个恨得咬牙切齿："据点的日本

鬼子坏透了，动不动就向村子这边打炮，冲我们要吃的。枪炮一响，吓得孩子直哭；我们连门都不敢出。”一个怀抱小孩的大嫂愤愤地说：“哼，他们一打炮，我们就无法下田干活，庄稼都没法种。没种还吃什么？要能把这个据点拔掉真是太棒了。”一个小伙子喘着粗气，边说边往我们这边挤着：“对，对，就该拔掉据点。小日本真是太可恨了。”大家七嘴八舌地叫着、嚷着。这时，一个老大娘却担心地问：“打日本鬼子是好，日本鬼子把我们坑苦了。可你们一走，日本鬼子再回来咋办呢？”“是呀，这倒是个问题。”一些人附和着。刚才的鼎沸之声便悄然了，老乡们你看我，我看你。最后，大家的目光都集中到我们身上了。“打不打？”老乡们在用眼神问我们。“打！怎能不打？我们来的目的就是要打，不要因日本鬼子势力暂时强大就怕他们。我们一定要拔掉塔桥据点，为你们铲除灾患。”我和邓福生同志作了最后的决定。决心下定了，可怎样才能靠近日军的据点呢？老乡们对据点的情况并不很了解呀。这时，一位老大爷站起身说：“村里的保长郑玉常跟日本鬼子打交道，比较熟悉敌人据点的情况。这个人，老乡们反映比较忠厚，有时日本鬼子逼他到百姓家催粮催款，他宁可自己挨打挨骂也不让群众受苦；在死逼无奈的情况下，他就给地主施加压力，让地主出钱出粮给日本鬼子送去。要不，我带你们去找他。”

由老大爷带路，我们找到了保长，说明了我们准备捣毁塔桥日军据点的意图。一提起打日军，郑保长高兴极了，他兴致勃勃地向我们介绍了日军据点的情况：“塔桥据点距周围点较远，兵力较小，有一个小分队，二十余名日本兵，步枪十几支，一挺歪把子机枪，岗楼上架着一门小钢炮；日本鬼子要东西时，就向村里打炮，把这里的百姓坑苦了。乡亲们编了个顺口溜，‘鬼子打炮，祸就来到；鸡鸭没命，坑了百姓。’”保长介绍完后，还陪我们趁着月色侦察了据点附近的地形。虽然回来时已很晚了，但我们继续研究起打法来。塔桥据点四周是方圆几百米的开阔地，而且炮楼修筑得相当坚固；敌人的火力、兵力也比我们多，且都是战斗力较强的老兵，如果没有重火力而采取硬攻的办法，我们是很难获胜的，而且人员的伤亡也一定会很大。该怎么办呢？这时，郑保长抬起头说：“到中秋节还有两天，这帮日本鬼子肯定要冲我们要东西，我看这倒是个机会。”我们几个人一合计，对，就在中秋节动手，利用这个好机会。在研究具体打法时，有的同志提出化装成老百姓，以给日军送东西为名突袭据点。“这倒是个好办法。可万一我们到达据点时被发现了怎么办？敌人用重火力压住我们，而四周又是开阔地，连藏身之地都没有。”一个同志提出了怀疑的意见。这种怀疑不是不成立的，如果真遇到这种情况，那我们的损失可就难以估量了。难道我们新四军战士能眼瞅着日军四处横行，欺压百姓吗？不，不能！尽管我们深知这次行动的冒险性，但冒死我们也要前行。我们十一个人已经做出了最坏的打算。为抗日而死，值得！

第二天，保长协同当地党组织向村子里那些害怕日军报复的群众作了一番解释，打消了他们的畏敌情绪，动员大部分群众支援我们，并为我们的行动做高度的保密工作。保长还四处活动，凑齐了送给日军的“慰劳品”，并亲自到炮楼对日军说：“明天来慰劳皇军，让你们好好地咪西咪西。”日军听了十分高兴。他们哪里晓得，他们的末日就要到了。我们十几个人休息了一天，并在群众的帮助、支持下，做好了充分的准备，只等迎接明天的战斗了。

**灵活的战斗**

中秋节的早晨，太阳刚刚露出笑脸，我们十余人就抬着筐子，挑着鸡、鸭、鱼、蛋，提着四五筐月饼，将手枪别在衣服里，手榴弹藏在筐底下，由郑保长带路，我在前头，邓福生同志在队伍中间，向塔桥敌据点走去。天空万里无云，轻风徐徐拂过我们的面颊，凉丝丝的，像是抚慰我们一般；树上的鸟儿吱吱地叫着，像是为我们送行；而道旁的小草和野花儿则微微地低下头，像是在向我们致敬。这一切都是那么赏心悦目，似乎预示着我们一定能胜利归来。

从小村庄到塔桥据点有十几里路，路的两旁都是庄稼地，附近几个村庄的老乡们早已来到田间干活了。他们的身影不紧不慢地在地里移动着，从远处的据点便可望见。看到我们一行人，都习以为常地认为这又是给日本兵送东西去了，没有在意，仍旧干着他们的活，没有丝毫异常的表现，这在客观上对我们的行动起了掩护作用。

在离据点大约一里路，我们停了下来，一边装成休息的样子，一边观察据点周围的情况。远远地望去，只见据点外只有一名哨兵，没有任何异常情况。于是，我们大摇大摆地向日军据点继续前进。到了哨兵跟前时，保长主动上前说：“我们是送东西慰劳皇军的。”敌军哨兵一看抬来这么多好吃的，口水都快要流出来了，连声说：“好，好，快快地进去！”就在保长和哨兵打招呼的时候，我们抬着东西迅速地走了进去。这时我给走在队伍后的两名同志一个眼色，他俩便故意放慢了脚步，乘保长和哨兵周旋时，堵住哨兵的嘴，用匕首把他干掉了。嘿！真是干脆利落，炮楼内竟毫无察觉。我们顺着墙，快速地摸近了敌人营房。从敞开的窗子向里望去，只见大通铺上，十来个日本兵横七竖八地躺着，鼾声如雷；后面有几个日本兵正在洗澡；而小桌前还有两个日本兵在全神贯注地下着棋，没有一点戒备。随着我的一声喊“打”，子弹手榴弹响成一片，好几个日本兵当场就被击毙了，还有几个日本兵被打得大声号叫着，四处躲藏。日本兵的惨相真是太让我们开心了。

我们只用了二三十分钟，就结束了战斗。二十名日本兵，除一个在后面洗澡的跳窗逃跑外，其余的全部被歼。缴获了三八式步枪十二支，轻机枪一挺，小钢炮一门，子弹数千发及手榴弹和一批军需品。撤离前，我们点火烧毁了炮楼。岗楼上空的熊熊大火和滚滚硝烟，宣告我们这次冒险行动的成功，也宣告了塔桥日军据点的覆灭。在田里干活的老乡们，起初看到岗楼上升起一股股浓烟都感到奇怪，以为是日本兵吃了好东西高兴得失了火，一边望着岗楼，一边猜疑地议论着，不知究竟发生了什么事情。直到看见我们抬着战利品归来，才知道原来是新四军消灭了据点内的日本兵并放火烧了岗楼，一个个高兴得又蹦又跳，将我们团团围住，问我们有无伤亡。当听到我们这般冒险却没有伤亡时，都拍手称赞道：“新四军真有办法啊！”老乡们再也顾不上干活了，纷纷跑回自

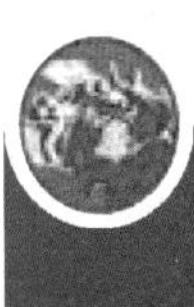

日军修建的碉堡、炮楼

己所在村庄去报告这一惊人的消息。我们则抬着战利品，怀着胜利的喜悦，返回了我们的驻地——白茆洲。

**重大的影响**

“打赢了！打赢了！”乡亲们个个奔走相告。很快，这消息像插上翅膀一样，不胫而走，传遍了整个敌占区。敌占区的人民听到这一消息，兴高采烈，虽不能上街庆贺一番，可也都在暗中称赞着：“打得好！打得好！”“真希望新四军能多打胜仗，把日本鬼子赶出中国去，我们好过安宁的日子。”“以后咱们能出钱就出钱，能出力就出力，帮助新四军多打胜仗，与新四军同志同生死共命运。”这些话语，道出了敌占区广大人民的心声。这场小小的战斗，使我们更加赢得了敌占区人民的信任和支持，造成了敌人后方的空虚。

消息传到敌人内部，引起他们的极度恐慌。日军无论如何也没有想到，新四军竟能以如此小的兵力，不费吹灰之力地拔下这个他们曾苦心经营多年的牢固据点，使他们感到新四军真是难以防范，难以对付，不知何时又会受到新四军的攻击，整日龟缩在据点内，不敢轻易出动。伪军则更是恐惧，他们兵力少且弱，而每次遇到危险时，又总是他们在前面开路，成为日军的铺路石。我们的胜利使很多伪军产生动摇心理，不大愿意再为日本人卖命；加之敌占区人民的大力协作，使我们对伪军的瓦解工作有了很大发展，造成敌人内部矛盾重重，加剧了他们的失败。

我们胜利的消息竟先于我们传到了解放区。当我们抬着战利品回到白茆洲时，老乡们早等候在路旁多时了。一碗碗凉开水端到我们面前，而我们的手中、兜里早已塞满了鸡蛋、香瓜等。老乡们把我们团团围住，让我们讲述战斗的经过。军民共享胜利的喜悦。

# “红色小丫”忆长沙解放：把特务耍得团团转

口述 / 向刘骝　整理 / 千灵坡

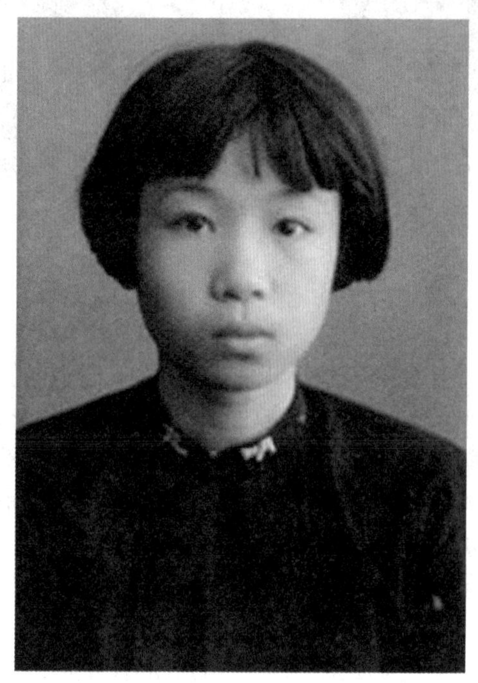

十四岁的向刘骝

向刘骝，女，1934 年 12 月 7 日出生。1947 年 2 月起，担任地下小交通员。中华人民共和国成立后先后在中共长沙市委统战部、湖南日用化工总厂工作。1985 年离休。

### 逼真表演骗过哨兵检查

1949 年的长沙即将迎来黎明。

当时在地下党组织中，一个女孩的名字让不少人提起时总是竖起大拇指。那是地下党员向愚的女儿向刘骝，当时年仅十五岁，却是一个有着两年经验的“老地下交通员”了。“我父母都是地下党，要与战友们联络交流时，背着书包的我自然就是最好的小信使，而我的年龄和长相也的确蒙蔽了不少敌人。”那时，向刘骝已开始经手一些重要情报的传递，很多任务甚至是半夜去完成。

“我记得1949年4月23日晚上，父亲得到一个令人振奋的消息——中国人民解放军渡江作战成功解放南京。虽然已是深夜，但父亲要印刷厂迅速赶印了号外后，决定还是要将消息传递出去，送达的任务自然又落到我身上。”向刘骝回忆道，那时的长沙晚上都实行宵禁，父亲所在的金国印刷厂位于下碧湘街，而自己却要将信息传到位于火车站、砚瓦池的地下党员那里。

“那时候，火车站在现在的芙蓉广场附近，我从下碧湘街过去要经过两道关卡。”向刘骝说，信息缝在了裙子里面，考虑到已经深更半夜，父亲便让弟弟陪她一起去。当向刘骝走到位于南门口附近的第一道关卡时，忽然听到一声大喝：“口令！”紧接着便是哗啦哗啦拉枪栓的声音。哨岗发现姐弟俩了！“老总啊，我妈妈病得快要死了，我们这是去帮她请郎中呢！求求老总放我们过去吧！”虽然这些台词之前已经想好，可要是表述不到位，依然难以过关。但向刘骝一把鼻涕一把泪地说完这些话后，哨兵便深信不疑，放他们过去了。

以同样的方式，向刘骝姐弟顺利通过了第二道关卡，将信息传到了火车站的地下党员手中。“那时候也不知道是凌晨几点，反正我们沿着铁路线一路走到砚瓦池时，天已经亮了，两脚全是血泡。”

**谎称传单是他人所赠**

1949年4月底，向刘骝按照组织的要求，准备将一叠资料从印刷厂送到小吴门附近的联络站去。这是一批刚刚印刷出来的《告国民党官兵书》，上面用课本封面掩盖，然后用绳子打好包。“那天好大的风，”向刘骝仍清晰地记得，“那堆资料全凭手拎着，我又矮又小，走到八角亭附近时实在提不动了，不由自主地将资料拖在了地上。”没想到的是，捆绑资料的绳子在拖拽过程中断了，狂风劲吹，一捆资料顿时化作雪片般漫天飞舞。见此情景，许多路人过来抢着看资料是什么东西，与此同时警察也被引了过来。

看到遍地的“反动传单”，警察迅速抓住了向刘骝。面对警察的询问，向刘骝灵机一动，说这些资料是巷子里一个叔叔刚刚给她的，说是废纸可以卖钱。同时，向刘骝还向一条巷子一指说：“看，那人刚刚转过弯。”警察迅速向巷子里追去，向刘骝则趁机溜走了。

**借口上厕所翻墙脱险**

“另外一件事情和这件事时间相差不久，只不过发生的地点是在衡阳。”向刘骝回忆。那是1949年5月1日，父亲要她将一批印刷资料送到衡山去，母亲将资料隐藏在一盒桃酥和一盒蛋糕中，让她装成走亲戚的样子。

由于车是早上6时出发，向刘骝5时就起床了，上车不久她就睡着了。车过湘潭便遇到检查，向刘骝悄悄地将点心盒子里的材料转移到了怀中，躲过了一关。车子继续前行，晃晃荡荡中向刘骝再次睡着，没想到怀中的资料慢慢滑了出来。“那台车已经很破旧，我的座位下就有个大洞，资料顺着洞口慢慢飘了出去。”

车子在衡阳前的一个检查站被拦截下来。向刘骝透过窗口向外一看，检查站的士兵荷枪实弹，还架起了机枪，拉起了铁丝路障。“出事了！我当时就意识到不对劲，再一检查，发现身上的资料已经一张不剩。”看到车上乘客纷纷被军警带走，身着校服的向刘骝一下车就蹲在了地上装肚子痛，说要上厕所。军警一看是个小女孩，便同意了。在厕所，向刘骝脱掉了身上的校服，从厕所后门逃了出去，跳进了后面的田中，滚了一身泥巴，乔装成农村女孩一路逃到了南岳的联络站。

**巧用特务弱点转走设备**

除了传递信息外，组织上还经常安排向刘骝一些接应和转移物件的任务。在她的记忆里，最不能忘记的是与烈士高继青的并肩战斗。

1949年5月，由于秘密印刷进步传单，金国印刷厂被人告密并遭到查封。而当时已进入6月，长沙和平解放在即，亟须印刷各种宣传资料。省工委研究决定，从金国印刷厂中设法搬运出一套完整的设备和油墨、纸张等，另外设点印刷。负责运输的就是高继青，而向刘骝则负责接应和协助搬运。

当时厂子里还住着两个特务，这两人喜欢打牌赌博，自然需要钱财，向刘骝的搬运计划就利用了他们的这一弱点。6月初，向刘骝身着校服回到了厂子，恳求两名特务说，自己在学校读书，没有钱交伙食费了，而父母又不知道去哪里了，想变卖一些机器交伙食费。“卖机器的钱，除了交伙食费外，都给两位老总。”两名特务同意了向刘骝的提议。6月13日，高继青带着大货车来将设备拉走，向刘骝随后消失了。这下，两名特务慌了手脚，急忙向上级报告。

设备运走了，特务却根据车辆的相关信息发现了高继青。6月19日，高继青惨遭杀害。

时光荏苒，当年的小丫头已经年过古稀，但曾经的出生入死却成为老人心中最难忘的记忆，并将伴随她一直走下去……

（本文选自《长沙晚报》）

向刘骝老人

# 铁窗英豪

## ——回忆与乔信明一同坐牢的日子

文 / 曾如清

曾如清

1935 年 3 月，我在赣南于都地区的游击战争中因负伤被俘。由于中共于都县委副书记兼潭头区委书记、区游击队政委的身份没有暴露，敌人虽有怀疑，却又没有凭证，便以“危害民国罪”判我八年徒刑，于 6 月份投入南昌军人监狱服刑，在这里我结识了乔信明同志，与他共同度过了两年多非人的铁窗生涯。

一

初夏的南昌已经显出暑热，但阴森的牢房却使人感到毛骨悚然！当沉重的铁栅门在我身后“咣当”关闭时，我的心境极其悲凉！我思念着苏区的老首长徐特立同志，第五次反“围剿”失利后，他随中央红军向外线转移，至今杳无音信；留在中央苏区的首长陈毅、项英、瞿秋白、曾山等同志不知今在何方？赣南省的首长钟循仁、蔡会文、刘伯坚被敌人打散，生死未卜；于都县委、潭头区委还存在吗？和我一同与敌遭遇的通信员钟贤生是否脱离了危险？轰轰烈烈的中国革命、苏维埃运动难道就这样完了么？我才二十岁，却要在这囚室中待八年。脖子左侧的弹伤还流脓未愈，无情的酷刑又使我遍体鳞伤，以我这样羸弱的身体，如何能在这如狼似虎的环境中熬到刑满之日？想到此，一股孤独的感觉和沮丧的情绪油然从心底升起……

我环顾四周，忽然，一张熟悉的面孔冲我点头笑了笑，是他——何秉才！我的心一下子缩紧了，赶忙转身避开，装作不认识他，想不到会在这里遇到熟人。

何秉才，湖南汝城人，大学文化，与我同在瑞金中华苏维埃中央临时政府教育部共过事，他任秘书，我任扫盲委员会兼巡视委员会副主任，彼此熟悉。主力红军转移后，我调到赣南省工作，与何分手，此后情况不了解。我的身份一旦暴露，就要大难临头了！因为我被俘后的口供全是编造的，我自称在红二十四师特务营当文书，因丢失文件被罚下连当战士，负伤后与部队失去联系。敌人始终不相信这个口供，多次对我刑讯拷问，我咬紧牙关没改口。敌人很不甘心，却因无旁证、无把柄而无计可施。现在却在狱中遇到熟人，何秉才如何入狱及狱中的表现情况都不清楚，万一他……

我不敢往下想，心中顿时如“十五个吊桶打水——七上八下”，忐忑不安起来。

“哎呀，曾同志也是‘危害民国罪’的难友，判刑八年。”一个声音在我身后传来。我转过身来，但见一位难友在门背后看我的卡片。他来到我身边，亲切地安慰道：“曾同志不要难过，我叫乔信明，也是‘危害民国罪’，我们有什么罪？蒋介石搞独裁，军阀治国、个人治党，民国早给他危害完了，判我无期徒刑，我看有期，中国革命有个规律，形势是五年一小变，十年一大转。来个小变，红军打回中央苏区，攻打南昌城；来个大转，半个中国或整个中国转变为苏维埃也未尝不可！”

这一席话，把难友们说得哈哈大笑，我也跟着笑起来，但心中却不免奇怪，这乔信明好大的胆，怎么敢在敌人监牢里说这些红军里才能说的话呢？他就不怕有叛徒告密吗？老乔却无事一样，把我安排在靠他的铺位上，热情交谈起来。

在乔信明的帮助下，我很快熟悉了环境，了解了情况。这南昌军人监狱分甲、乙、丙、丁四个大监，每个大监中各有二十个小牢房，此外还有一个病号监。南昌军人监狱主要用于关押共产党及红军政治犯，也有一些国军中的犯罪分子（军事犯）。我们被关在丁监十七号牢房。

乔信明告诉我，他 1909 年出生在湖北大冶县，1929 年入团参加革命，1930 年参加红军，1932 年转党，历任红十军八十二团团长、八十七团政委、北上抗日先遣队红二十师参谋长等职。1934 年北上抗日先遣队在赣东北怀玉山地区被敌包围受挫，十九师师长寻淮洲牺牲，乔与方志敏、刘畴西等首长一同被俘。乔被判无期徒刑。

无期，意味着关一辈子。老乔当时身体也很虚弱，而且战斗中双脚被冻伤，在身困囹圄、非人的环境中能熬几年呢？然而，乔信明却像无事一样，他藐视国民党，坚信红军必胜，苏维埃运动必胜！这种对党的事业的坚定性和大无畏的革命乐观主义精神，深深感染着同牢难友们，也深深感染着我，孤独的感觉和沮丧的情绪早已荡然无存了。

## 二

我对何秉才的冷淡没有逃过乔信明敏锐的目光。他还发现自我来后，每天都来十七号牢房摆龙门阵、谈天说地的何秉才突然不来了，乔信明分别找何秉才和我个别交谈，弄清了原委。何秉才在红七军某纵队当宣传部部长时（调教育部前）被错定为“改组派”，因而遭逮捕，并被开除了党籍。红军转移后，被留在苏区并分配到一个县委当教育科长，被俘后表现良好。因文化修养好、知识面广、待人诚恳而受到难友的尊敬，连国民党军事犯亦对他很尊重，因为何常帮军事犯草拟状子。

在老乔的安排下，我与何秉才作了一次详谈，双方消除了误会，增进了了解，加深了友谊。监房中又恢复了友好、信任的气氛。

1935 年夏，天气异常闷热，监狱中通风差、空间小、犯人多，如同在蒸笼里一般，热得让人喘不过气来。为了降温，只好在地面、墙壁上洒井水，许多人干脆睡在潮湿的砖地上。秋凉后，患病的难友越来越多了，诸如水肿、腰腿病、阴囊炎、关节炎等，重者不能站立，像软骨病似的，手足、身躯都失去了知觉。而狱中的伙食却越来越差，饭是霉变的米，还有大量稗子，菜中无油少盐，菜帮子老得咬不动。打牙祭按规定是半月一次，每次每人四两猪肉，实际不足二两。每天两次的放风时间规定每次一小时，实际只有一刻钟。在如此恶劣的环境下，几乎天天都有难友死亡，有时甚至一天死两三人。

要生存下去，就得斗争！

大约在 1935 年底，乔信明向我和何秉才传达了方志敏同志在南昌看守所牺牲前不久给乔信明的密信指示，内容大意是：“我们几个领导人（指方志敏自己和刘畴西等同志）是要准备牺牲的。牺牲没有什么可怕，可惜不能为党工作了。你们（指红十军团被俘的其他干部）不会都处死的，但是要准备坐牢的。就是坐牢的时候，也要为党工作，同敌人进行斗争。应该学习列宁同志在坐牢时与敌人斗争的精神……”

我们听后顿时热血沸腾，当即表示愿意坚决遵循方志敏同志的指示，与其坐等被敌人折磨死，不如起而斗争死，斗争才有可能斗出生路来。而要取得斗争胜利，就必须组织起来，将难友们围绕在党的周围，有领导、有步骤地行动。

我入狱时，乔信明与何秉才已在难友中拉起了一个名叫“十兄弟”的秘密组织，旨在广泛团结难友（也包括国民党军事犯），广交朋友，因为这种形式带有江湖色彩、哥儿们义气，容易为大家所接受。在斗争初期，“十兄弟”起到了一定的号召作用，也团结了部分军事犯，但它难以成为坚强的领导核心。因为军事犯成分极其复杂，思想也很不稳定。

1936 年春，由乔信明、我（曾如清）、何秉才三人组建了“中共南昌军人监狱小组”，推选乔信明为组长。在这之前，老乔同我几次研究过何秉才的问题：何在红七军期间被错打成“改组派”，开除了党籍，到教育部后，何多次提出申诉，组织上同意为其甄别。但中央率主力红军转移后，苏区形势急剧恶化，未能来得及处理。鉴于何秉才在狱中表现坚定，由我与乔信明重新介绍他入党。记得当时何秉才激动地说：“感谢你们对我政治上的信任和鼓励，我的心永远向着党、永远跟党走！自我受冤屈被开除党籍后，就没有埋怨过党。我想，受冤屈不是我一个，我相信党会弄清楚问题的。”

1937年初，在乔信明的组织下，通过递条子（用暗语）的方式，选出了狱中秘密党支部，全称为“中共南昌军人监狱支部委员会”。乔信明任支部书记，我（曾如清）为组织委员，何秉才为宣传委员。党员除我们三人外，我记得还有单子辉、赖荣光、包长生、张文山、鄢华（陈志强）等同志。这几位同志因是老乔指定我联络才知道的。在监狱特定的环境下，只有书记一人掌握全面情况，没有书记指派，任何人不得进行横向间的联系。我只感觉到各大监中都有党小组存在。有了党的组织，难友们精神状态大为振奋，开展了多种形式的斗争，斗争不仅打击了敌人、改善了生存环境，也进一步锻炼了自己、团结了难友，许多军事犯同情并参加了斗争。到1937年年底，国共合作抗日释放政治犯时，监狱支部已发展到了三十人左右。甚至于有的狱方看守人员也受到影响，弃暗投明，转入共产党领导下的抗日阵营。

三

随着一阵阵撕心裂肺的警报声，南昌全城停电，一片漆黑。不久，远处传来了沉闷的爆炸声和清脆的枪炮声……这是1937年八九月间日军飞机对南昌的一次空袭。当时狱中听不到飞机引擎声，不知道是日军轰炸。从狱方慌忙增兵加岗，严加防范的现象猜测：有人说是红军主力回来攻打南昌了；有人说是国民党内部军阀又在混战了，也有人估计中日战争爆发了。

乔信明敏锐地感觉到政治局势可能发生重大变化，他设法通过党支部通告全狱难友沉住气，静观时局发展，要求政治犯（尤其是刑期长的政治犯）做好牺牲或获释两种思想准备，同时准备作最后的斗争。

后来，各方面的消息证实，中日战争全面爆发，国共两党重新合作、联合抗日。这时，狱方看守人员对政治犯态度有所转变，管理也松了些。从设法搞来的旧报纸上获悉了西安事变，张杨逼蒋抗日、卢沟桥事变、日军大举侵华、日军进攻上海等重大消息，真给人以“洞中方一日，世上已千年”的恍若隔世之感！

眼看着异族入侵，国土沦丧，难友们个个心急火燎，热血沸腾，恨不得立即冲出牢笼，奔赴抗日疆场，消灭侵略者！

当时，我被关押在病号监。一天，我正回味着乔信明关于“中国革命有个规律：五年一小变，十年一大转”的预见，感叹竟然不到三年就已发生翻天覆

乔信明

曾如清

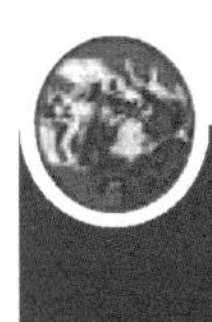

地的变化。一位难友悄悄转给我一张纸条，展开一看，是乔信明写的："……从各方面情况分析，国共合作有释放政治犯的可能性。你的刑期短，很有可能先释放。因此，支部要求你一旦先行出狱，一定要尽快同江西省委或南昌市委或红军取得联系，设法营救我们出去，这是党组织交给你的特殊任务。"我立即给老乔回了条子，表示一定完成寻找组织营救难友的任务，并拟定了一些联络暗语。

果然不出乔信明同志的预料，南昌军人监狱于1937年10月底释放了刑期十年以下的政治犯。事发如此突然，竟然来不及给乔信明他们通消息。

当我脱下肮脏的囚衣，换上被撕去了领章帽徽、破旧的红军军服，迈出监狱那扇阴森而沉重的大铁门之后，第一个感觉是，天空是那样的湛蓝，太阳是那样的温暖，空气是那样的清新！我无暇过多地品味自由的珍贵，头脑中立即盘算着怎样找到组织，营救同志。

我在南昌的堂房伯父伯母处落了脚。从报纸和传单上得知红军已改编成八路军，正挺进华北敌后，陈毅、项英代表中共与国民党当局谈判成功，同意将南方各省红军游击队改编为新四军；另一条消息报道了徐特立先生已回湖南长沙。我心中十分高兴，立即给徐老写信，汇报自于都分别后的遭遇和在南昌狱中的斗争情况，请徐老出面设法营救乔信明、何秉才等刑期长的难友们。

后来，我通过学生救亡团体终于同新四军驻南昌办事处取得了联系，向涂正坤主任详细汇报了狱中情况，并写了难友的名单，请组织大力营救。

涂主任听取汇报后非常重视，立即投入营救行动，同国民党当局交涉，并派员探监。不料南昌军人监狱的政治犯已被秘密转移出南昌，去向不明。试想，国共争斗十年，以国民党的凶残、反动本性，对抓获的中共区县以上、红军营团以上干部，岂肯轻易放过？对这些党和军队的宝贵财富、骨干力量，我党当然不会坐视不管。经党组织多方跟踪追寻，发现这批政治犯被辗转押解到高安、长沙、桃源等地。徐特立同志获得情报后，亲自出面，义正词严地指责国民党当局拒不释放政治犯是破坏国共合作的无理行径，他还亲往长沙监狱，下令打开监门，查验被关押的政治犯。国民党当局迫于国共合作的形势压力和徐特立同志的社会地位及威望，不得不释放了被关押在桃源监狱中的全体政治犯，时间大约在1938年1月间。此时，我已经组织批准回家乡吉安治疗疾病，调养身体，并经中共吉安中心县委审查批准恢复了党籍。后经中共东南分局组织部分配到新四军军部工作。我终于如愿以偿，满怀豪情奔赴抗日前线。

后来获悉，乔信明他们出狱后来到南昌，中共东南局委派组织部部长曾山同志和青年部部长陈丕显同志一同采取背靠背的方法严格审查了从南昌军人监狱出来的每一个“政治犯”，并一一做出结论，最后宣布承认我们组建的中共南昌军人监狱支部，对于难友们所进行的不屈不挠的对敌斗争给予了充分的肯定。

审查之后，将叛变分子清除遣散，表现坚定的同志由党组织分配工作。选调赖荣光、单子辉等一批优秀分子赴延安抗大学习深造；何秉才因本人要求分配回家乡湖南工作（后来不幸被反动地主武装杀害）；乔信明同志被分配到新四军军部工作，先后担任教导营队长、教导团大队长、三支队六团参谋长、江南人民抗日义勇军参谋长、挺进纵队一团团长、一师一旅一团团长等职务。我们有幸共同转战大江南北，驰骋华东疆场，投身于伟大的民族解放运动的洪流之中。

# 百岁老红军的红色人生

口述/周克柳　周海玲　周延平　整理/董　钊

周克柳

## 怀揣生死牌　勇走长征路

1929年，周克柳这位出生在江西于都河畔的年轻小伙，投身革命，参加工农红军。

“十月里来秋风凉，中央红军远征忙。星夜渡过于都河，古陵新田打胜仗。”陆定一这首诗中提到的于都河，就是周克柳的家乡。以于都河为起点，中国共产党人开始踏上了漫漫长征路。

周克柳时常回忆说：“每次回到阔别七十多年的故乡，看到那蜿蜒流淌的于都河，听到哗哗的水流声，总是心潮澎湃，感慨万千。”

1934年10月16日傍晚，根据中央命令，红军开始强渡于都河，西进北上。当时，周克柳所在营的主要任务是掩护中央机关和红军主力部队渡河西进，以压制和阻击敌人的尾追力量，摆脱国民党的围追堵截。

从此，周克柳和战友一起踏上了长征的路途，九死一生。

1935 年 7 月，中央红军正艰难地行进在长征途中。在过草地时，部队严重缺粮。一次，二排战士采到一大堆野蘑菇，煮了一锅。那天傍晚，周克柳被战友们拉着坐下一起“尝尝鲜”。

吃完后，不知过了多久，全排二十多个人都失去了知觉，周克柳也不例外。等炊事班的同志赶来时，以为他们真的死了，就将他们抬到路边，盖上几把野草，算是把他们埋了，还分别在他们头边的位置插了块生死牌。周克柳身边的牌子上写着：“周克柳，江西于都人，六连战士。”

之后，有后续部队开过来，其中一位老战士看见了周克柳的名字，就把草扒开想看看是不是他。这时，周克柳慢慢有了微弱的意识，他努力睁了睁眼睛。原来，周克柳和二排的战友是吃野蘑菇中毒引起昏厥，但并没有死。在被老战友拉起来之后，周克柳将那块小小的生死牌揣在怀里，跟随部队又踏上了征途。

## “红色管家” 屡屡破难题

周克柳的传奇一生，与后勤工作密不可分。1936 年 6 月 1 日，中国抗日红军大学在陕北瓦窑堡成立，1937 年 1 月 20 日迁到延安后改名为中国人民抗日军事政治大学，简称抗大，周克柳从那时开始有了“红色管家”的身份。

“管家”在革命年代就是后勤保障，周克柳的后勤工作从一次购买粮袋开始。1937 年 2 月 4 日，农历小年，领导交给他一项“特殊任务”——采购粮袋。当时，由于敌人对陕北封锁严密，红军后勤供粮十分困难。为了保证部队打仗时有足够的粮食，急需一批粮袋。要买大批粮袋，只有到白区去采购，可敌人一道道封锁线，常常使我军采购人员空手而归，甚至有去无回。

接受任务后，周克柳买来长褂礼帽，把自己装扮成一个商人，越过重重封锁线，来到西安城。在好心人的指点下，他白天四处采购，晚上躲到戏院听说书，半夜才回店睡觉，躲过了一次次检查。经过多日筹措，购齐了粮袋，又几经周折，周克柳终于将数百条粮袋安全运回目的地。

周克柳与爱人封霞光

这项任务顺利完成之后不久，周克柳被任命为抗大财务科科长。

当时，由于国民党利用国共合作之名，强调“一切统一”，因此禁止陕甘宁边区使用工人民主政府印制的“苏维埃纸币”。这样，周克柳所在学校的经费和物资供应就成了极其棘手的问题。

后来，周克柳想出的办法成为他一生最值得珍藏的红色回忆。当时为了缓解这种局面，周克柳建议采用写欠条的

周克柳

办法到合作社买东西。后来，他又提议把欠条印成欠津贴券，按月发给教职员工，持券可到合作社买物品。他根据当时津贴费的发放标准，亲自设计了欠津贴券票样，由延安广义书局印制。欠津贴券的内部流通，一定程度上解决了教职员工买东西的困难，缓解了学校经费的紧张局面。

从此以后，周克柳与我军后勤管理工作结下了不解之缘。直到后来的抗美援朝，他一直从事后勤保障工作。

**罗瑞卿当“红娘” 促成红色伉俪**

在周克柳的客厅里，悬挂着一张黑白双人照，这是周克柳与爱人封霞光于1951年拍的第一张纪念照，照片中的周克柳长相英俊，妻子封霞光则很秀气。

两人的这段姻缘至今让他们的子女津津乐道，这不仅仅是因为他们在战火中结成伉俪，更是因为他们的媒人是当时的抗大校长罗瑞卿。

“我母亲在年轻时看到红军女战士演出，十分羡慕。她们演出结束后，就上去拽住她们，说自己也要参军。”周海玲介绍说，在1938年转入抗日军政大学女生队后，封霞光的学习成绩一直名列前茅。

临近毕业时，女生队学员都强烈要求到前线去。但学校对女学员定下了分配原则：凡是配偶在学校工作的随总校迁移到前线，其余学员留延安二分校。封霞光一听急了，三番五次找队领导要求上前线，这可让领导犯了愁，就把这件事向时任副校长的罗瑞卿同志作了汇报。

听过汇报后，罗瑞卿突然想起前些日子到下面检查工作时，对财务科长周克柳的工作十分满意，队领导还开玩笑似的对他说，周科长什么都好，就是还没找上媳妇，请首长帮助解决。想到这儿，罗瑞卿哈哈大笑说：“这事好办啊，财务科长周克柳，二十六七岁还没有对象，小伙子又精神，只要小封同意就可按分配原则办理，这不就两全其美了嘛。”当时封霞光只有一个想法，只要能上前线什么条件都可以答应。她带着“学员封霞光系你部周克柳同志的爱人，现分配你部工作，请接洽”的介绍信报了到。

就这样，周克柳、封霞光成了夫妻。后来的日子里，夫妻二人转战多地，在敌机的低飞扫射下屡次逃过劫难。

重重磨难之后，如今这个家庭已经是四世同堂。数十年来，几名子女对于两位老人的勤俭家风印象深刻。周克柳戎马一生，离休后始终保持着一个老红军战士艰苦朴素的本色，只要力所能及的事情，从不愿麻烦单位和组织。

（本文选自《齐鲁晚报》）

# 大巴山走来的女红军

文/伍　辉

张　文

我的姥姥叫张文，是名老红军。

姥姥出生在大巴山深处的一户贫苦人家，九岁就在地主家当佣人，每天起早贪黑还挨打受骂。1932 年 12 月，红军来到了她的家乡，在这里建立起川陕革命根据地，红四方面军第十师就住在姥姥家所在的四川省通江县洪口镇。红军带领劳苦大众打土豪、分田地，几辈子的农民当家做了主人。在红军妇女独立团团长曾广澜大姐的启蒙教育下，姥姥懂得了很多革命道理。“穷人要不受富人的气，只有跟着共产党走革命的路！”“只有男女平等，妇女才能翻身解放！”这些革命道理像一颗颗红色种子，在她年幼的心灵深处扎根、萌芽……

大巴山

1933 年 2 月，姥姥的多次申请得到了批准，光荣地成为一名红军战士，当时她还不满十四周岁。姥姥被分配在部队的被服厂当战士，由于红四方面军在

张文获得的八一勋章、独立自由勋章、解放勋章和红星功勋荣誉章

川陕革命根据地迅速发展壮大，被服厂的任务越来越重，每天他们都要工作十几个小时。虽然姥姥年龄小，可她每天不但能超额完成任务，还经常帮助战友，不久她当上了班长。

1935年3月下旬，红四方面军在连续进行了广（元）昭（化）、陕南和强渡嘉陵江战役后，开始了万里长征。被服厂的物资多，官兵们负重都不轻，每人几十斤，有的要上百斤。连续的长途行军，身体极度虚弱，姥姥得了肺病，同志们照顾她，让她只背一个大铁桶。一天，他们遇上一股国民党散兵，被服厂女兵都没配枪，她们就在男兵的掩护下利用地形地物拼命地跑，子弹“嗖！嗖！”地从身后穿过，在“宁死不能当俘虏”的信念激励下，姥姥一步不落地跟着队伍。到达宿营地时，她一头瘫倒在地，战友们帮她取下铁桶。“呀！”大家惊呆了，只见铁桶上被敌人的子弹打穿了五个窟窿，好险啊！

红军长征翻越的第一座雪山是海拔四千一百二十四米的夹金山，夹金山藏语意为很高很陡。这里山岭连绵，危岩耸突，空气稀薄，气候变化无常，当地人常说：“要想越过夹金山，除非神仙到人间！”翻山的前一天，姥姥和战友们不仅准备了草鞋、绳子、生姜、辣椒，每人还准备了三个用柏树皮做的火把。

凌晨3时，姥姥随着部队打着火把出发了。山脚下，战士们要蹚过雪融化的泥泞小路；山坡上，他们只能沿着一尺多宽的险路向上爬。爬到海拔三千米以上的雪线时，冰封雪冻，空气稀薄，姥姥感到胸口好像压了一块大石头，气喘吁吁，两条腿沉得抬不起来，一阵狂风卷起，鹅毛大雪扑面而来。

午后，部队到达了山顶，天突然下起了冰雹，当时姥姥和战友们穿的单衣都结了冰，眼见着有些战友因体弱加上严重缺氧而倒下停止了呼吸。战士们简单掩埋了他们的遗体，没敢停留，踏着厚厚的积雪继续艰难前行。下山时他们连滚带滑，衣服被灌木划破了，手脚和脸上也划出了一道道血口子……

翻过雪山，红军来到了纵横三百余公里荒无人烟的松潘草地。这里海拔在三千五百米以上，是我国最典型的沼泽地。

被服厂扔掉了沉重的机器，除了布匹和线捆外，每人背包下面还加了一捆干柴。茫茫草地，气候变幻莫测，一会儿晴，一会儿雨。浮草下面是污泥黑水，稍有不慎就会陷入泥潭，而且会越陷越深。这里食盐奇缺，姥姥的同乡张德英有一块盐巴，像石块一样坚硬，每次吃饭时她就拿出来，大家用筷子在盐块上蘸蘸，再把筷子含到嘴里。

在湿漉漉的草地过夜，牛粪是宝贝，宿营时点燃取暖。姥姥的班里共十个人，但只有一个脸盆，烧水、洗脸、洗脚都用它，吃饭时还要用来打饭、盛粥。战友们同甘共苦，患难与共！靠信念，靠毅力，经过八天八夜的顽强跋涉，他们终于走出了险象环生的草地。

（本文选自《解放军画报》）

# 父亲的抗日往事

文 / 范会起

## 冲锋步枪卡弹壳

我的父亲范运进 1940 年初参加了琼崖抗日游击队独立总队。那一年，父亲十七岁。从此，父亲开始了他的十年革命战争生涯。

父亲是海南文昌人，个子不高，人很机灵，参军前在老家农村放牛，读过几年小学。入伍以后，父亲积极参加军政训练，当年就数次参加了打击日伪军的战斗。

父亲的老战友韩飞原是琼崖纵队第四团团长。1940 年时，他是我父亲的班长。在一次战斗中，正值冲锋的危急关头，父亲的步枪卡住弹壳了，父亲急得要命，拿出枪通条，捅了十几下，还是没有捅出来。韩飞看到后赶紧过来帮忙。韩飞是老兵，经验多，几下就把弹壳捅出来了。那个年代，琼纵的武器装备十分落后，卡壳故障时有发生。2005 年，我到韩飞家去拜访，才得知这个小故事。这也是父亲去世后，我听到最早的关于父亲的战斗小故事。

## 剧烈的大水战斗

大水战斗是海南岛抗战期间的第一大仗，也是琼崖纵队成立以来最大的一场战斗。1942 年 1 月，岛内顽军及民夫九百多人被琼纵包围在琼山县中部的大水村。当时，顽军出动三千多人来增援，我军出动两个支队和两个县的地方民兵共三千五百多人，经过五天四夜的激战，毙伤顽军数百人，我军也伤亡数百人。由于我军缺少打攻坚战的经验，没有攻坚武器，弹药消耗过大，难以支撑连续作战，所以主动撤出了战斗。

父亲参加了大水战斗。其中有一次，顽军被我军包围几天后，有一个据点的顽军假装投降，打着白旗走了出来，我方阵地的一个队长毫无警惕地带着部队去“受降”。谁知狡猾的顽军走到距离我军三四十米时，突然向我军开火，其他据点的顽军也冲了出来，我军被迫后撤。这时，顽军的一颗手榴弹落在父亲身边的战壕里，父亲毫不犹豫地捡起手榴弹扔回敌方，保护了战友并掩护全班战士

范运进

安全撤退。

“老琼纵”都知道这场著名的大水战斗。“老琼纵”林和平叔叔说：“战士上一批，倒下；再上一批，再倒下；再上……战斗太惨烈了。”“老琼纵”陈说叔叔说：“当时虽说是两个支队，但已几乎是琼纵的所有精锐和老底儿了。”“老琼纵”杨传香阿姨是土地革命时期参加红军的老党员，她说：“把热饭菜送上阵地时，我就坐在那里哭，昨天还一起说笑的同志，全牺牲了，没人吃饭了。”大水战斗也是琼纵伤亡最大的一次战斗，当时有近万名群众参战支前，战斗十分激烈。琼纵既要围攻固守的顽军，又要消灭增援的顽军，虽然未取得最后胜利，但沉重地打击了琼岛国民党。

**遇敌跳海避险**

1942年秋，父亲在琼崖抗日游击队独立总队第一支队二大队六中队担任班长。不久，支队政治处组成征兵工作队，由黎良德同志担任队长。父亲被抽调去征兵队。征兵队很快就到了琼山县演丰镇一带，在黎良德队长的带领下，征兵队在演丰地区活动了数月，深入各个村庄，开展政治工作，动员农村青年出来参加革命，参加抗日斗争。

一天晚上，征兵队在山尾头村对面的山坡上宿营。由于村庄里有日军驻扎，黎良德队长便安排我父亲在离村头不远的海边放哨，另一名队员在村尾放哨。

当时琼崖抗日游击队武器十分缺乏，枪支都配给了作战部队，征兵队基本上不配枪，父亲的步枪也就留给了作战部队。

父亲披着一条薄被在村头的海边，监视村庄和海边红树林的情况。天刚蒙蒙亮，日军从村尾出动，在村尾放哨的队员立即跑去通知征兵队转移，而当时却已来不及通知父亲了。日军在山坡扑空后立刻转向村头的海边，发现了父亲，就悄悄地围上来。当父亲听见日军的脚步声时，回头一看，离父亲最近的那个日本兵的枪刺就已在身后了，不容多想，父亲立即把披在身上的被子扔向日军的枪口。

父亲跳海后，日军连续向海里开枪，幸亏天还未大亮，日军看不清红树林海面的情况，因此都没有打中我父亲。红树林的海就像一条宽宽的大河，没有什么波浪，红树林的背后是外海。父亲在水里潜游了一阵后，在水中脱光衣服，赤条条地沿着红树林的水流方向游了近两个小时。天光大亮后，父亲才敢上岸。

累得走不动路的父亲爬到海边一个老百姓的家里，表明了自己的身份后，得到了老百姓帮助，不仅穿上了老百姓的衣服，还在老百姓的帮助下，找到了部队。在这样艰苦的岁月里，父亲凭着坚定的革命意志与征兵队一起完成了征兵任务，共征集了一百多名青年参加部队。

由于父亲在征兵队的英勇表现和对党的忠诚，受到了上级表扬，并被越级提拔为副连级，任第一支队二大队六中队副指导员。从此，父亲开始了从事军队政治工作的生涯。

**开枪打坦克**

一次，父亲带着几名战士到日军据点旁打冷枪。日军发现后，出动一辆坦克车来追击。父亲没有见过坦克车，不知道这个庞然大物是什么东西，就急忙让几个战士一起开枪打这个大家伙，可打来打去就是打不死。坦克车开近后，不断地朝父亲这个方向开枪开炮。父亲急忙带着几位打伏击的战士一起跑回山上，报告了大队长。大队长也没有见过坦克车，听闻此事立即报告了总队参谋长李振亚同志。从中央红军派来海南协助指挥作战的总队参谋长李振亚见多识广，他告诉大家：这个大家伙是坦克车，子弹是打不进去的。二十多年后，父亲把这个小故事告诉了我。当时的我还是小学生，不能理解战争年代的残酷性，父亲差点牺牲了，我却只是觉得有趣。

父亲和我说，他原先当兵的那个连队，到海南解放时，只剩下三个人了。

我们父辈出生入死干革命的精神值得我们骄傲和学习。琼崖革命“二十三年红旗不倒”，琼崖精神我们要代代相传。

（本文选自《南国都市报》）

大水革命烈士陵园

# 杨子荣在剿匪战斗中

文 / 王荣卫

杨子荣

## 在东北闯荡生活十四年

杨子荣，原名杨宗贵，1917 年出生在山东牟平（现烟台市牟平区）城南一个叫嵎岬河的小山村。父亲杨世恩是个泥瓦匠，母亲宋学芝是个刚强的农村妇女。杨子荣四岁那年，父母曾带着一家老少去东北安东（今辽宁丹东）谋生。但父母一天到晚拼死拼活地干，也难以维持一家人的温饱。没办法，除了父亲和姐姐外，母亲又领着其他孩子回了老家。在老家，母亲省吃俭用地供杨子荣上了几年私塾。

1929 年，胶东地区军阀混战，民不聊生，十二岁的杨子荣在母亲的安排下，去安东投靠父亲。开始父亲让他去上学。两年后，杨子荣到姐姐做工的缫丝厂干活，挣钱补贴家用。但是好景不长。杨子荣三年学徒期刚满，缫丝厂裁人，杨子荣被赶出工厂大门。无奈之下，杨子荣就到码头搬木头、扛大包，到鸭绿江边放木排、当船工。1938 年底，他在鞍山千山采矿区找了一份当采矿工的活儿。矿区的活儿也不是好干的，不仅有生命危险，还要常常忍受日本监工的打骂。最让他不能忍受的是，看到日本监工毒打自己的工友。一次，他实在是看不下去，夺过监工的皮鞭，为自己的工友出了气，但他自己也无法在矿山待下去了，在工友的帮助下，杨子荣逃离了矿山，回到了老家牟平。这一年是1943年春，杨子荣二十六岁。

从十二岁离家算起，杨子荣在东北整整闯荡了十四年。这十四年，对杨子荣来说，可谓是尝遍了人间的酸甜苦辣，体会了生活的艰难辛劳。但也使他熟悉了东北的风土人情、山情地貌，结交了一大帮穷苦朋友，积累了丰富的社会经验。这段经历，在他后来参加的剿匪斗争中，发挥了重要作用。

**报名参军，赴东北剿匪**

杨子荣回家后，正是家乡抗日战争最艰苦的时候，怀着对日本侵略者的无比仇恨，他毅然参加了村里的民兵组织，积极配合正规部队，打击日伪军。

母亲也为他张罗了一门亲事，媳妇是邵家沟一位叫许万亮的姑娘。婚后不久，女儿出世了。女儿的出生，给家庭带来了不少的欢乐，而半年后，女儿的夭折，又给他们带来了更多的忧伤和痛苦。

1945年9月，日本投降，抗日战争结束。为应对蒋介石发动内战的阴谋，中共中央决定采取"向北发展、向南防御"的战略方针，命令在山东的主力部队开赴东北，解放被日本侵略者铁蹄践踏了十几年的东三省。为贯彻落实这一战略方针，杨子荣所在的胶东地区开展了声势浩大的参军活动，每个县、乡、村都有参军任务，杨子荣的村也不例外。

杨子荣小时候最爱看的书，就是《三国演义》和《水浒传》，他对书里的英雄人物十分敬佩，梦想有一天自己也能成为英雄。当他得知村里组织报名参军的消息后，没等跟家里人商量，就报上了名。不过报名时没用"杨宗贵"，而是用的"杨子荣"。

参军后，杨子荣被编在胶东军区海军支队，因为岁数大，被安排到炊事班当一名炊事员。杨子荣虽说不是太情愿，但既然当了兵，就得听从领导的安排。

根据上级指示，杨子荣所在部队经过短暂集训后，于11月下旬开赴龙口。接着从龙口港坐船，开赴东北。部队在辽宁庄河登陆，改番号为东北人民自卫军辽南三纵队二支队，随后，继续向北挺进。一路上，一边行军，一边打仗，先后解放了吉北哈南一带的乌拉街、朝阳、舒兰、榆树、五常等城镇，于1946年2月初到达黑龙江省东部的牡丹江地区，驻扎在牡丹江市西边的海林镇。在进军途中，杨子荣积极响应部队的号召，每到一个地方，就利用向老乡筹粮、借锅灶等机会，向群众宣传党的政策，宣传人民军队的性质，发动青年参军参战。一路上，杨子荣一人就动员了三十多人参军，被部队评为"扩军模范"。

1946年1月，杨子荣光荣地加入了中国共产党。他在党旗下庄严宣誓，随时准备为党和人民牺牲一切。

**一人劝降四百土匪**

根据上级指示，杨子荣所在部队的主要任务，就是消灭牡丹江地区形形色色、五花八门的土匪武装，建立人民政权，实行土地改革，发动群众参军参战，支援解放战争。部队进驻海林后，立即投入紧张的剿匪战斗。第一阶段，采取集中兵力、分路清剿的办法，先后歼灭了势力最强、威胁最大的郑云峰、马喜山、谢文东等部大股土匪。

看着战友们在前线与敌人拼杀，把杨子荣急坏了，只要有机会，他就趁着往阵地送饭的时候，也拿起枪与战友们

一起参加战斗，有时还帮着出出主意、支支招儿。在一次战斗中，一班班长负了重伤，不能继续参加战斗。一班是连里的尖刀班，没有个好班长可不行。正当连长为班长的人选犯愁时，指导员一句“你看杨子荣怎么样”，给连长提了醒。就这样，杨子荣众望所归，当上了一班班长，也遂了自己的心愿。

担任一班班长的杨子荣，如鱼得水，在随后的剿匪战斗中，表现得异常机智勇敢，特别是在杏树底剿匪战斗中，孤身一人，闯入敌阵，硬是把四百多土匪给劝降了，堪称剿匪战斗的一个奇迹。

杏树底村是位于牡丹江北部的一个山村，这里集结了从各处逃窜来的土匪四百多人，他们凭借村子的有利地形和村子周围高大的土墙、坚固的工事，与我剿匪部队对峙，企图负隅顽抗。3月22日，攻打杏树底残匪的战斗打响，杨子荣带领尖刀班冲在最前面。但由于敌人火力太猛，组织了多次进攻，都没有成功。为了尽早结束战斗，减少部队伤亡，指挥部命令炮火支援。几炮打过去，敌方阵地和村子里立刻浓烟滚滚，也隐约听到村子里妇女小孩的哭喊。如果再打下去，虽然能把土匪消灭掉，但村里的老百姓也将遭受更大的损失。在炮击的间隙，杨子荣一个箭步从沟里钻出来，挥舞着白毛巾，直奔村里，去劝降土匪。

在杨子荣的宣传鼓动下，许多土匪开始动摇，村里的群众也纷纷劝说土匪赶快投降，别让乡亲们也跟着遭殃。这时，几个土匪头目出来了。为首的分别是从青背村、北甸子逃来的残匪许大虎、王洪宾，家住本村的郭春富、康祥斌。许、王二人色厉内荏，叫嚣着谁投降就枪毙谁；郭、康二人因家在本村，不能不顾村里乡亲们的死活，经杨子荣和乡亲们的一番劝说，有了投降的意思。双方为此发生争执，互不相让。最终，还是郭、康人多势众，占了上风。杨子荣乘机做工作，土匪们纷纷把枪扔到杨子荣的身边。许、王看大势已去，也垂头丧气地把枪扔到了地上。就这样，一场血战被杨子荣的勇敢举动化解了。

杨子荣一人劝降四百土匪的消息，很快传遍了整个部队，部队首长决定让杨子荣到团里做侦察工作，担任团侦察班班长，杨子荣又有了新的用武之地。此后，在每次的剿匪战斗中，都是先由杨子荣率领侦察员，乔装打扮，深入侦察，待摸清敌人的详细情况后，再由大部队进行围剿。

随着剿匪斗争的节节胜利，剿匪部队不断发展壮大，杨子荣也由侦察班班长升任侦察排排长，他肩上的担子更重了。

胶东抗日根据地

## 智擒“座山雕”的经过

经过近一年的剿匪战斗，大股土匪已基本被消灭，但二三十人一伙的小股土匪仍有不少，而且更加隐蔽，更加狡猾，外号叫“座山雕”的土匪就是其中之一。

“座山雕”本名张乐山，原籍山东昌潍，两岁时随堂兄到牡丹江，十五岁进山当土匪，十八岁便当上了匪首，有五十多年的土匪生涯，历经清末、北洋军阀、伪满三个时期。此人老谋深算，诡计多端，在匪徒中颇有声望，内部人称“三爷”。当年，张作霖和日军都曾想消灭他，但都没成。日本投降后，他接受国民党的委任，当上了“国民党东北先遣军第二纵队第二支队司令”。我剿匪部队进驻牡丹江地区后，曾对这股土匪进行多次围剿，消灭了他的大部分人马，只剩下身边二三十个亲信死党，隐蔽在深山老林里，一心等着国民党大军到来。并时常出没山林，抢掠百姓，杀我军干部，继续作恶。按照以往的经验，对这种小股土匪，用大部队围剿是行不通的。团里决定，由杨子荣带领五名侦察员，组成一支剿匪小分队，扮成土匪模样，进山搜寻“座山雕”的匪窝，并待机剿灭。同时，派出部队跟踪配合。

1947 年 1 月 26 日，农历正月初五，杨子荣一行六人接到命令后，立即出发，向海林北部的密林深处开拔。

他们在深山老林里一连转了好几天，才在一个叫蛤蟆塘的地方，找到一座工棚。工棚里住着十几个人，样子像是伐木工人。杨子荣先是用土匪手势和黑话试探，意思是自己遇了难，走投无路，想请人帮忙牵线，投奔个山头。开始没人搭理，后来，一个自称姓孟的工头搭了腔，答应领他们去一个地方。他先从屋里拿出一把锯、一把斧子、一把小铁锹和一个盛着半桶苞米面的小铁桶，交给杨子荣等人，然后，把他们带到了二十里外的一个空木棚子，交代了几句后就走了。

杨子荣他们在工棚里一连等了两三天，也不见孟工头的影儿，仅有的一点儿苞米面也吃完了，心里不免有些着急，担心情况是不是有什么变化。正在着急的时候，孟工头回来了，这回他把杨子荣一个人领到了附近的一个屯子，并在屯长家里见了两个人。两人先是一番土匪黑话试探，见杨子荣对答如流，才亮出了真实身份。一位自称姓刘，是“座山雕”的副官，另一位被称为连长，两人表示同意引荐杨子荣等人上山，并说要下山办些酒肉，准备在山上过元宵节，等禀报“三爷”后，再来接他们上山入伙。

两天后，两人如约来到杨子荣他们住的工棚。杨子荣让战士把两个土匪给绑了，并假意解释说：现在不知道是不是自己人，只好先委屈一下，到了山上再说。两个土匪觉得到了山上自会见分晓，也没太在意，就领着杨子荣他们直奔“威虎山”。

“座山雕”确实真够狡猾的，一路上设了三道哨卡，当初要是派大部队清剿，不论惊动了哪一道哨卡，土匪都能逃得无影无踪。杨子荣他们每过一道哨卡，都由两个土匪上前搭话，然后，把岗哨也一块绑了，一同押上山。过了第三道哨卡不远，就到了“座山雕”的老巢——一座被当地人称作“马架房子”的木棚。

杨子荣命令三名战士在外面看好土

匪，他带领另外两个战士冲进棚子，各自占据有利位置，枪口对准土匪。棚子里一共七个土匪，其中一个白头发、黑脸膛、长着鹰钩鼻子、留着一把山羊胡子的瘦小老头就是臭名远扬的“座山雕”。杨子荣命令战士把“座山雕”和其他几个土匪一起绑了。

这次剿匪可谓大获全胜，没费一枪一弹，端了土匪的老窝，活捉了阴险狡猾的“座山雕”和土匪十三人。

杨子荣活捉“座山雕”的消息，很快传遍了整个海林镇，当地老百姓无不欢欣鼓舞，奔走相告。《东北日报》以“战斗模范杨子荣等活捉匪首座山雕”为题，进行了报道，称这次剿匪战斗“以少胜多创造范例”。团里也召开庆功大会，给杨子荣记功，给其他战士也分别记了功。

**血洒海林，英雄罹难**

消灭了“座山雕”，剿匪工作却并没有结束。2 月 20 日，也就是活捉“座山雕”的第十三天，杨子荣又领了新的任务，踏上了新的剿匪征程。这次是负责清剿在海林北部梨树沟一带活动的漏网残匪。为保险起见，团里决定，由副政委曲波带领三十人的小分队，随杨子荣一起进山。

经过几天的侦察，杨子荣和几个侦察员在一个叫闹枝沟的地方，发现了土匪窝藏的地点——一座冒着炊烟的“马架房子”。为了不惊动土匪，在离窝棚三四百米的地方，杨子荣命令侦察员们匍匐前进，慢慢向窝棚靠近。在确定土匪没有发现以后，杨子荣和几个侦察员一齐向房内猛扑过去，大喊一声：“不许动，举起手来！”慌乱中有土匪开始操枪，杨子荣立即扣动匣枪扳机，可能是天气太冷，枪针受冻，枪没有打响，其他战士也立即向屋内射击，也没有打响。这时，从屋里射出一颗子弹，正好打中杨子荣的胸膛，杨子荣晃了几晃，便倒了下去。

听到枪声，随后赶到的小分队，在曲波的指挥下，立即向土匪的窝棚猛烈扫射。土匪在房内拼命顽抗，向外射击。曲波命令战士爬上房顶，向屋内扔手榴弹，终于把这股顽匪全部消灭。

土匪被消灭了，但英雄杨子荣却倒下了。小分队的同志为失去这位英雄的排长、昔日的战友而失声痛哭，纷纷脱帽向英雄致敬。他们永远都不会忘记，这一天是 1947 年 2 月 23 日。杨子荣牺牲时年仅三十岁，参军只有一年多时间。从 1946 年 2 月进驻海林剿匪，他参加大小战斗上百次，每次都出色地完成了上级交给的任务，多次立功受奖，并被评为战斗模范。

（本文选自东北新闻网）

# 回民支队的抗日英雄

文 / 白昌文

马本斋

在抗日战争中，汉族同胞和各少数民族兄弟紧密团结，组成了广泛的民族统一战线。为了挽救祖国的危亡，各族人民都尽了自己最大的努力。马本斋领导的冀中回民支队，就是使日军闻风丧胆的一支少数民族抗日武装。

马本斋是河北献县人，回族。抗日战争全面爆发后不久，他就在家乡组成了河北抗日游击军回民教导总队。不久，这支队伍和吕正操领导的冀中人民自卫军回民干部教导队合并，组成了冀中军区回民教导总队，由马本斋任总队长。回民教导总队在斗争中不断发展，1939年秋，改编为冀中军区三纵队回民支队，由马本斋任支队司令员。

回民支队所拥有的武器装备虽然很差，但士气十分旺盛，战斗力很强。马本斋有勇有谋，他在实际斗争中增长了才干，知道对付日军必须采用灵活机动的游击战术，才能保存自己，歼灭敌人。

回民支队

他有时候率领少数战士化装插入敌人心脏，拔掉敌人的据点；有时候在敌人兵力薄弱的地方，破坏道路，使敌人无法运兵运粮。1938年8月到11月，回民支队对敌作战三十多次，每战必胜，一共破坏敌人控制下的铁路七十多处，颠覆敌军运兵车二十多次，打死打伤敌人五百多人。胜利鼓舞了冀中广大的回民兄弟，更多的回族青年积极参军，使回民支队很快发展成为有一千五百多人的大部队。

胜利也招致了日本侵略军的恼恨，他们把回民支队看成眼中钉、肉中刺，把马本斋列入黑名单，千方百计地想除掉他。1938年冬到1939年春，日军在冀中发动大规模“扫荡”，回民支队就是他们要“扫荡”的重点目标。为了粉碎敌人的“扫荡”阴谋，回民支队和八路军主力配合作战，用神出鬼没的游击战、地雷战与敌军在广阔的冀中平原周旋，使敌军动辄挨打，根本找不到八路军和回民支队的主力。

马本斋在战斗中认识到，对敌作战必须采取主动，只有持续不断地打击敌人，才能不断地削弱敌人的力量，使他们无力再组织大规模的“扫荡”和“围剿”，也只有持续不断地打击敌人，才能在战斗中锻炼自己的队伍，从敌人手中夺取武器装备，武装自己。为此，马本斋带领回民支队频繁出击，使日军司令官一听到回民支队和马本斋的名字就感到头痛。

1939年秋末冬初，马本斋得到可靠情报，知道日本侵略军为了解决自己的粮食困难以及卡断抗日游击队的粮食供应，准备派出上千人的队伍四处抢粮。根据这个情报，马本斋制订了一个伏击敌人的计划。他派出一支精悍的队伍，带着自制的土炮、地雷和手榴弹等武器，守候在敌军必须经过的无极到藁城的公

马本斋雕塑

路两旁。等敌军大队人马刚过去一半，就拦腰进行袭击。隆隆的土炮声和地雷爆炸后散发出来的硝烟，使日军以为八路军的主力部队来了。结果，走在前面的日军赶快往回撤，走在后面的日军又赶忙往前逃命，两部分日军打了个照面，竟互相把对方当成八路军，自己跟自己打了起来。正打得难解难分，埋伏在公路两旁的回民支队一连投掷过去上百个手榴弹，日军顿时被炸得血肉横飞。这一仗，回民支队歼敌三百多人，击毁敌人汽车八辆，缴获了大批新式武器，取得了辉煌战果。

1940年夏，回民支队依靠当地民兵的协助，对盘踞康庄的日军进行突然袭击。在一个多小时的战斗中，速战速决，消灭日军六十六人，缴获平射炮一门、重机枪两挺、步枪五十多支和许多弹药。等敌人的大部队闻讯赶来增援时，马本斋早已率领回民支队胜利转移了。

1941年夏，日本侵略军又一次对冀中根据地进行大“扫荡”，妄想一举消灭回民支队。但是他们东奔西跑，一再落空，只是白忙了一场。敌人不甘心失败，竟想出一个十分恶毒的计划，他们在8月间派兵包围马本斋的家乡献县东辛庄，逮捕了马本斋的母亲，企图迫使她写信给儿子，让马本斋投降。马老太太大义凛然，严词拒绝，用绝食而死的行动来激励儿子抗战到底。马本斋得知母亲被捕后坚贞不屈而死的消息，心中十分悲痛。他深刻体会母亲的心意，化悲痛为力量，继续转战于冀中平原、冀鲁边区和冀鲁豫边区，奋勇杀敌。冀中军区对屡建奇功的回民支队，通报嘉奖，授以“无攻不克，无坚不摧，打不垮，拖不烂的铁军”锦旗。中共中央军委也颁令嘉奖马本斋，称他为“优秀司令员”。

长期的野外战斗生活，吃不好、睡不好，严重地影响了马本斋的身体健康。1944年初，马本斋病倒了。战友们把他送到设在山东莘县的后方医院去治疗，因医治无效，于同年2月7日逝世。

（本文选自国学网）

# 琼崖红色夫妻

文/廖自如　李志良

1900年2月4日，杨善集出生于今琼海市潭门镇北埇村委会井堪村一个农民家庭。父亲杨献廷是个穷秀才，在家乡以教书为业。杨善集是独子，资质聪颖，深得父母溺爱。七岁读私塾，十二岁考进本县大水岭高等小学。少年时期的杨善集很聪明，各项学业成绩都很优秀，深受师长们的喜爱。1915年杨善集考进了琼崖中学，杨善集的人生走到了转折点，在这里他接触到先进的革命思想，完成了从懵懂到觉醒的蜕变。老师评价他“有军事天才的分析力”。

1919年，五四运动的惊雷震动了全国。杨善集积极发动学生参加斗争。在琼崖十三属学生联合会成立之时，他被选定为宣传股长，带着学生们一起深入工农群众，传播新文化、新思想。他成为一名从椰寨小村走出的爱国青年。

**经陈乔年介绍杨善集入党**

1919年秋，在琼台校园内经历了五四运动洗礼的杨善集毕业时，因家境贫寒选择做一名小学教员。后来，杨善集考取广东公路工程学校。他在总结自己那两年的学习情况时说：“我在广州本来是入工程学校，而所得乃是革命知识。”

那是一个革命频频爆发的年代，广州是革命的中心，被教导以天下为己任的杨善集不能再待在学习桌上了。1924年，国共合作，经国民党中央组织部考核，杨善集与聂荣臻、叶挺、冯平等获准留学苏联，10月底抵达莫斯科东方劳动者大学。在学校里，杨善集如饥似渴地吸收着各种革命理论知识。同年12月，经当时的中共中央总书记陈独秀的儿子陈乔年介绍，杨善集同叶挺等被中国共产党旅莫支部吸收入党。

1925年8月，杨善集等人奉命回国。杨善集出国留学后对自己的评语是：“驻俄年余，四方游览，此时才将革命的人生观巩固起来，杨善集已非仅是琼崖的青年，而已自居为现代的青年了。”

林一人与杨善集

**椰子寨打响全琼武装暴动第一枪**

1927年6月，杨善集主持召开了中共琼崖地委紧急会议，传达中共广东区委指示，确定了恢复和发展党的组织，建立工农武装，以革命武装反对反革命武装的方针，并根据中共广东区委指示精神，将“中共琼崖地方委员会”改为“中共琼崖特别委员会”，杨善集任特委书记，王文明、冯平、许侠夫等任特委委员。

特委成立后，特委委员分头到各地去组织发动群众建立革命武装。

1927年9月下旬，全琼武装暴动开始了。东路嘉积地区是起义的中心，由杨善集直接指挥。按特委和司令部的原定计划，是集中兵力攻打嘉积，但由于泄露了消息，敌人已有戒备。因此，杨善集当机立断，决定先攻下椰子寨，再根据情况决定对嘉积的军事行动。

1927年9月23日拂晓，全琼武装总暴动的第一枪——椰子寨战斗打响。东路军在当地群众的配合下，一举攻下了椰子寨，给敌人以沉重打击。

敌人不甘心失败，疯狂进行反扑，调集兵力从四面八方包围了椰子寨。在万分危急的情况下，杨善集沉着坚定，指挥部队与敌人浴血奋战，打退了敌人多次的进攻。后来，因万泉河水暴涨，断绝了起义军的退路。杨善集命令部队撤退渡河，而他自己留下来掩护。终因敌众我寡，杨善集在指挥战斗中英勇牺牲，时年二十七岁。

**杨善集妻子林一人因叛徒出卖壮烈牺牲**

林一人和杨善集同年出生，琼海塔洋镇簪马村人。1920年初由父母之约嫁入杨家。在成为杨妻前，人们只称呼她的乳名，出嫁后，人们称她为“簪马嫂”，因为她来自今琼海塔洋镇簪马村。林一人出身贫寒，但天资聪颖，与杨善集结为夫妻前，她还大字不识。1926年杨善集回到海南后，顶住压力，筹款让妻子进学校学文化，并为妻子取名为林

杨善集故居

一人。

1926年，林一人到府城女子职业学校读书，一边学习文化，一边参加革命活动。同年加入中国共产党。1927年春回琼东县从事妇女工作。同年7月任琼东县妇女协会主任。11月被选为琼崖妇女协会委员。1928年4月、11月两次以琼崖妇女党员代表的身份参加中共广东省委扩大会议，并两次当选为中共广东省委委员。

杨善集和妻子林一人生了一个女儿，杨善集牺牲后，1928年12月11日，中共广东省委给中央打报告，请安排送杨善集烈士的妻子林一人和女儿去苏联学习和生活。但是林一人放弃了这个机会，化悲痛为力量，继续革命。1931年夏天，林一人因叛徒出卖而被捕，她只身与敌搏斗壮烈牺牲。年仅三十一岁。为了共同的革命理想，这对红色夫妻相继献出了青春和生命。

在杨善集夫妻牺牲后，国民党仍未停止对杨家的迫害。1927年，国民党纵火将杨家房屋焚毁。1928年，忍受不住迫害，杨善集的父亲上吊自杀，而杨善集的继母迫不得已只有带着杨善集与林一人的独女杨琼玉避难到万宁娘家生活，杨琼玉后来下落不明。

（本文选自《海南特区报》）

# 年关起义在耒阳

文 / 伍云甫

## 一

早在北伐革命战争时期，耒阳人民就在共产党领导下掀起了轰轰烈烈的革命运动。

但是，就在这革命运动蓬勃发展的时候，“马日事变”发生了。反动军队开到了耒阳，地主豪绅又同反动军队联合起来，搜捕革命同志和革命群众，到处传来党组织被破坏和同志遭杀害的消息。革命斗争被迫转入了地下。

我在家里蹲不住，只好隐蔽起来，并且交代家里：“如果有人来找‘至公’，就马上通知我。”——“至公”（“职工”二字的谐音）是我在县委工作时用的代号，是分散时大家约定了的。在这样的情况下，我是多么想和党的组织联系上啊。

我潜伏乡下不久，就接到家中捎来的口信：“有人来找‘至公’了。”我连夜跑去联系。原来是湘南特委派来的新的县委书记邓宗海同志。他掏出一张密藏在身上的小纸条，这是特委的指示，要我们立即重建县委，并在各区乡秘密恢复党的组织，组织乡村游击队，准备秋收起义。接着，邓宗海同志指定我担任县委秘书长，负责城西和水东江一带地区的工作。

这样的时候能够见到党的负责同志，接到党的指示，简直像在黑夜里见到了指路明灯一样。于是我们立即按照党的指示行动起来。

我们化了装，在漆黑的夜里，依照原来约定的地址，悄悄地溜到一个同志的门前，轻轻敲一敲紧闭着的门窗，按着暗号叫一声：

“喂，喂，应龙在家吗？”

“你是谁？”

“我是至公。”

尽管敌人正在进行血腥的镇压，但绝大多数的党员是决不屈服的。他们与党组织失掉联系之后，也在急不可待地找党，听到这只有自己人才晓得的暗号，大门轻轻地开了。于是我们便联络上了一个同志，多了一条向四外扩展的线头。

但并不是每个同志都能联系上的。许许多多优秀的同志牺牲了。农运特派员邓宗翰同志和曾做过工会工作的我的叔叔伍风林同志被惨杀了；工会负责人之一的谢幼安同志被反革命用一块大石头压了几天，活活地压死了……我们怀着痛切的心情，在联系同志的同时，也偷偷地去慰问遇难同志的家属。记得一

个漆黑的夜里，我见到伍徽寿同志的家属。伍徽寿同志的爱人向我诉说了丈夫被害经过以后，流着泪把未成年的儿子领到我面前说："云甫，把他也领去干革命吧！一定要报仇！"

也还有另外的一种情况：当我们敲敲门窗，说出了暗号以后，明明知道他在家中，却久久地听不到回答。这时，我们只好压抑着愤怒，悄悄地走开，并且在我们队伍的名单上划掉了他的名字。因为我们知道这个软骨头经不住困难环境的考验，已在敌人的高压下背叛了党或是动摇了。

就这样，不到一个月的时间，全县主要乡区都已恢复了党的组织。这时县委编印了机关报《耒潮》，宣传各地革命形势和当前任务，以动员群众投入新的斗争。革命之火又在耒阳广大乡村里燃烧起来了。

## 二

在国民党的武装进攻下，共产党员和广大革命群众都深深感到掌握武装的重要，也有些同志曾零星地进行过一些武装反抗。因此，当党提出要组织武装时，立即得到热烈的响应。这个说："早就该这么办了。"那个说："赶快干吧，让那些土豪们也尝尝我们的大刀的滋味！"于是，游击小组、游击队在恢复了党组织的区乡迅速地建立起来。

各地游击队一建立，就向国民党展开了强有力的反击。开始，游击小组是昼伏夜出：白天照常种田，一到夜间，就拿起鸟铳、大刀，奔向地主豪绅的家。对罪恶较轻的，给以警告；罪大恶极的，则就地处死。游击队的力量越来越大，到了旧历年底，就公开活动起来，甚至袭击小的挨户团，并缴获了他们的枪支。后来，挨户团有的被消灭，有的被赶走了；土豪劣绅则纷纷逃进县城，使得城里房租顿时飞涨几倍。革命群众重又扬眉吐气了。

就在我们紧张地进行游击斗争的同时，党的地下交通从宜章带来了消息：朱德、陈毅、王尔琢等同志率领的工农革命军在湘南特委和宜章县委的策划与接应下，占领了宜章县城，揭开了湘南年关起义的序幕。接着在宜章城南的岩泉、栗源、武阳一线，击败了许克祥的"进剿"，直追到坪石。敌军两千余人全部覆没，仅许克祥一人化装逃脱了。现在工农革命军已经连续击溃敌桂军、湘军，攻克了郴州、永兴、资兴等地，在当地群众配合下掀起了轰轰烈烈的革命运动。旧历年前不久，城里党组织又传来了一个消息：有一个来历不明的人住在旅馆里，正在洗脚时，警备队来人盘查他，那人掏出枪打死了敌人，来不及穿鞋袜就跑了。据说那人就是工农革命军第一师的便衣侦察。

"工农革命军就要到耒阳来了！"这个消息在《耒潮》上一登出来，振奋了广大群众，也吓坏了土豪劣绅。城里没有正规的反动武装，他们不敢待下去了，纷纷逃往衡阳。挨户团走的走，散的散。挨户团的主任、杀人的刽子手王矿萱扮成叫花子潜逃，被郊区农民抓住了。耒阳成了一座空城。于是县委立即进入城内，指示各区乡公开活动，积极发展党组织和游击队，以迎接主力军。

2月中旬的一天，是个春雨初晴的大好天气，耒阳城家家户户挂了红旗，街里街外由游击队放了步哨，欢迎的群众排列在从西马路至灶头街八里路的道路两旁，有的手执小旗，有的拿着鞭炮，一片欢腾。中午，工农革命军在口号声、鞭炮声中，进入耒阳城。从此，耒阳的革命斗争就在工农革命军第一师的支持下，进入了湘南起义的阶段。县苏维埃建立起来了，推举刘霞同志担任县苏维埃主席。各区乡苏维埃也相继建立。农民协会的组织恢复了，大量经过考验的优秀分子参加了党，原来零散的游击小组和小队集中起来，组成了农民自卫军和独立团。例如一区就建立了有七八百人的独立团。

武装力量虽然组织起来了，但武器却非常缺乏，甚至连梭镖、大刀也装备不齐。铁业工会的会员们便按手艺种类分成了许多生产单位，打造武器。铁匠铺里，日夜炉火通红，锤声叮当。手艺差些的，就打梭镖、大刀；手艺高的就“盘鸟铳”（土枪）。会员们还制成了一种“土驳壳”，枪管一尺多长，可以插入枪匣，子弹就是用火药和铁砂混成的大拇指粗细的火药筒。这家伙装火药快，不怕下雨，携带方便，杀伤力大，很受部队的欢迎。此外，还用雄黄和白药（氯酸钾）混合石块、铁片，造出了种种手榴弹；又将老松树挖空，做成了松树炮。这些土造武器装备了农民自卫军和独立团，发挥了很大作用。

革命的火焰蔓延起来了，不到一个月，湘南各地，包括桂阳、常宁、桂东、汝城、酃县等地，到处插满了革命的红旗。

三

工农革命军第一师渡过耒阳河后，敌十九军胡宗铎部乘虚占领了耒阳县城。当时毛泽覃同志带领的一个连由井冈山返回，路过耒阳。我们曾要求他们协助我们攻耒阳城。但他们迫切地要与工农革命军第一师取得联系，匆忙打了一下，没有打开。

县城里住有敌军，对于四乡总是一个威胁。农民自卫军和独立团又无力攻城。县委当即请求主力部队协同农民军组织一次攻城战斗。工农革命军第一师乃决定派一个连担任主攻。

这是一次声势浩大的战斗。主力由城西北方向的马阜岭向耒阳城发起攻击，全县三千多农民武装自东南西三面包围敌人。农民军战士们按照统一部署，运动到城郊附近，无数面红旗一齐举起，步枪、鸟枪、松树炮一齐打响，人们高喊着惊天动地的杀声，冲向城根。第一区独立团，除了全力直接配合攻城以外，还组织了一支敢死队，由城东北的铜锣洲泅过耒阳河，绕到敌人背后的青麓书院，放起了冲天烟火，扰乱敌人后方。在这突然攻击下，守城敌军弄不清来了多少部队，略略抵抗一下，伤亡了五六十人以后，便仓皇溃逃。我们终于收复了耒阳县城。

1928 年的 4 月间，应湘南特委的要求，毛泽东同志率领井冈山的部队来到湘南，策应湘南起义，并接应受到敌军南北夹击的起义部队。工农革命军第一师为了同毛泽东同志会合，离开耒阳向井冈山移动。桂系军队又占领了耒阳县城，并且派出部队驻到了各区乡。约一个营的敌军来到了一区，驻在南门上里。自收复耒阳以后，大家得意扬扬，不知不觉地滋生了轻敌情绪。根据县委的指示，一区的区委便贸然决定打击这一营敌军。

一区的农民武装虽有七八百人，但都没经过训练，领导人员又不懂军事，武器装备也不好，只有步枪五支，其余都是些土枪、梭镖、大刀和土造炸弹。以这样的部队去攻击敌军一个营显然是太冒失了。

夜里，我们三十多只木船悄悄地从易口渡过耒阳河，一股劲冲到敌人驻地对面三四百米处的菜园里。敌人早有准备，依托几栋坚固的大房子向我们射击；我们则利用菜园的矮墙作掩护，和敌人对射。在对峙中我们的弱点暴露出来了；战士们枪打不准，也不注意节约弹药。当我们弹药快耗尽的时候，敌人向我们发起了反冲锋。我们虽然顽强地抗击，却终因力量太单薄，被敌人冲垮了。大部分农军撤过河去，一部分撤退不及，被迫退至一道河湾里，背水与敌人展开了死战。农军战士们战斗得十分英勇，有的和敌军抱在一起同归于尽；有的战斗到最后，便砸碎武器，纵身跳下了耒阳河；有的游过了河，有的在河中牺牲了。我跳河时，落在一丈多深的河岸下的荆棘丛中，绕到另一渡口过河归队。此次战斗，死难的党员和群众有一百二十余人。

在我们战斗失败的同时，其他区乡也遭到了敌军的攻击。于是，县委决定，将全县农军集中起来，和宜章、郴州、永兴、资兴的农军一起，尾随工农革命军第一师，在毛泽东同志的接应下，上了井冈山。宜章农军改编为红四军第十师的二十九团，其他各县农军大部编成为第十二师，一部分编入十师二十八团、三十团及十一师的三十一团。

（本文选自中国青年网）

毛主席与伍云甫握手

# 英雄血染“将军树”

文 / 许春媚

李振亚

## 纵横琼崖一骁将

1908年，李振亚出生在广西藤县一户贫苦农民家庭。受革命进步思想影响，1929年，在南宁当兵的李振亚参加了由邓小平、张云逸领导的百色起义。同年，李振亚加入了中国共产党。

红军长征期间，任红色干部团第一营营长的李振亚，在突破湘江和乌江、四渡赤水、攻占娄山关、抢渡金沙江、强渡大渡河等著名战役中屡建战功。1940年，受上级指派到琼崖参加革命斗争的李振亚一如既往地表现出他高超的军事水平。“风脚村之战”就是李振亚直接指挥的一场以弱胜强的战斗。

1947年初夏，国民党一个自诩为“天上雷公，地下杨开东”的保六团团长，带着两个营的兵开进风脚村一带，宣称要剿灭在这里活动的琼纵挺进支队。当时琼纵在这一带活动的部队仅有五个中队（连）。敌众我寡，在这种不利的条件下，时任琼纵副司令员的李振亚沉着应对，制定出了以少战多的作战方案。

李振亚在风脚村配置一个中队的力量，利用原来国民党修建的旧碉堡、旧工事进行固守，故意放出风声引敌人主力来攻，其余四个中队隐蔽，准备适时

从敌后侧出击。

战斗打响后，敌人果然上当，向风脚村开来。但此时有一路敌人的行军路线正好从隐蔽着的一个中队的位置上穿过。李振亚果断决定立即出击，亲自带领三个中队的兵力对敌人发起猛攻。打溃这股敌军后，李振亚又率部配合风脚村的兵力打退了向该村进攻的另一路敌人。这一仗歼敌一个半连队，缴获机枪三挺，步枪数十支，子弹万余发。

**能文能武的军政教官**

“李振亚不但善武，而且能文。”中共海南省委党史研究室处长赖永生介绍说，虽然李振亚本人没上过几年学，但他通过刻苦的自学，文化知识水平提高很快。在延安期间，李振亚在延安抗大工作，任第五中队队长兼教官，为培养红军干部作出了很大的贡献。

到琼崖后，李振亚在培养琼崖红色干部工作上倾注了巨大的心血。1941年6月，在李振亚等人的倡导下，琼崖特委决定在万宁六连岭的北昌村创办一所抗大式的“琼崖抗日军政干部学校”。李振亚参与建校活动，并兼任校长、政治委员，亲自主持制订教学计划，编写教材，主讲军事课并主持军事训练。

李振亚对学员的培训注重理论联系实际，经常率领军事队的学员到附近部队参加实战锻炼。1941年11月，在教授“奇袭战”一课时，李振亚就亲自率领几个排级学员和当地独立第九中队短枪班的战士出击兴隆一个日军据点。经事先侦察掌握敌情后，李振亚和战士们化装成“顺民”，每人挑一对谷箩，上面是谷子，下面埋着手榴弹。在当地“民救会”向导的配合下，假意给据点日军送粮食。巧妙的伪装瞒过了岗哨，顺利进入据点后战士们趁日军不备发动攻击，用驳壳枪和手榴弹袭击敌人，大获全胜，我军无人员伤亡。

琼崖抗日军事政治干部学校从1941年6月正式开学，到1942年11月停办，共办了两期，培养学员六百多人。这些学员被分配到部队和地方去，都成了得力的骨干，为琼崖抗日战争作出了贡献。

**严于律己的好首长**

在许多琼纵老战士的记忆中，李振亚是一个严于律己、爱护士兵的好首长。琼纵老战士王禄贵还记得，有一次部队转移到新驻地，冯白驹司令员根据当地群众的习惯，同时为了不暴露部队所在，规定琼纵的干部和战士不准下河洗澡。李振亚刚好外出侦察，回来时因天气热，便带着警卫员一起下河洗澡，洗完回到总部后他才知道有这个规定。李振亚觉得自己违反了规定应该受罚，便主动在操场中间罚站，冯白驹让人叫他回来也不肯，最后硬是在火辣辣的太阳下站了一个小时。

李振亚对自己要求非常严格，对士兵却很爱护。曾任琼纵第一总队七团政委的许世准在其回忆文章里提及了一件他自己亲身经历的“小事”。有一次，时任奋斗队队长的许世准因炊事班煮了夹生饭，便罚炊事班班长符怀花顶铁锅。李振亚看见了，问明究竟后，便马上把许世准叫到现场，指着符怀花说：“她并没有犯什么大错，你这样处分她？如果我也这样处分你，你会感到是啥滋味？”许世准意识到了自己的错误，主动向全中队做了检讨。事后，李振亚以此事为例教育大家要爱护士兵。“红军的刺刀是威风的，但更威风的是拼刺刀的红军战士。”

李振亚烈士雕塑

**鲜为人知的护柩秘史**

1948年，琼纵决定对驻琼国民党发动秋季攻势。李振亚亲率部队在保亭誓师，经陵水一路横扫万宁，连克中兴、兴隆等六个敌顽据点。9月27日，在拔除最后一个据点牛漏墟时，身为前敌总指挥的李振亚亲往敌前侦察，被冷弹击中倒在木棉树下。翌日，李振亚伤势恶化，不幸牺牲。

李振亚牺牲后，前敌指挥部根据琼崖党政军领导的指示，把灵柩运回“公室”（当时琼崖党政军领导机关驻地毛贵的代号，现属五指山市毛阳镇毛贵和毛兴村委会之间）安葬。从牛漏到毛贵，全程二百多公里，要涉过水深流急的万泉河和昌化江，翻过插入云雾的五指山，这段路程轻身行走尚且艰难，抬着沉重的棺材走，其艰难程度可想而知。

八十七岁的琼纵老战士王家芳当年参与了护送灵柩。“我当时是琼纵三总队三支队一大队的一个班长。”时隔五十一年，王家芳的记忆依然清晰，“攻克牛漏墟据点后部队进行休整时，队里领导找到我，要我带几个战士护送一批民工运着枪支回‘公室’去。”

第二天出发时，王家芳看到了一口海棠木制成的棺材。“那时我们心里都明白了几分，虽然不知道死者是谁，纪律也不允许打听，但心里都知道这肯定是我们的首长。”一时，大家都静静地围站着，默默无语。

准备好之后，在王家芳等八名战士的护送下，被雇来的八位民工抬着灵柩出发了。“前三天的路还好走，到第四天琼中境内运送就变得困难了。”在王家芳的记忆里，他们走的尽是些崎岖小道，时而从低处往高处爬，时而从高处向低处滑，有时路段中间的通道很窄，两旁或是有刺的灌木丛，或是没过头顶的茅草，民工们不能分两行平行走，四人在前四人在后抬着，每走一步都很艰难。进入五指山区后，“坡越来越陡，为保持

万宁市牛漏墟路段，一株被当地老百姓称为“将军树”的木棉树。树下矗立着李振亚将军牺牲地遗址的纪念碑

棺材的平衡，走在前面的民工只有俯下身子，甚至跪在地上，后面的民工就尽量抬高棺材，一步一步推上去，前面的人膝盖都磨出了血”。

历尽千辛万苦，八天之后队伍终于到了毛贵，冯白驹等多位党政军领导同志都亲自出来迎接。“这时我们才知道护送的原来是李振亚副司令员！”王家芳说。

**长青不衰将军树**

海南解放后，海南扩建海榆东线公路，按工程设计，李振亚牺牲地点的木棉树在砍伐之列。这件事情被当地群众听闻后，砍树那天，人们从四面八方赶来，把这棵将军树护了个内三层外三层。操锯拿斧的施工人员见状，谁也不愿下手。于是这棵将军树作为特例被保留下来，一直耸立在路中间直至今日，成为中国建路史上，公路中间留有路障难得一见的景象。

2000 年，一场台风将这棵木棉树拦腰截断，为了妥善保护这一革命遗址，万宁市委、市政府委托林业部门的技术人员对木棉树的再生做了技术攻关。林业技术人员在原树树身中间做了钻孔再植，结果再植的木棉树在老树干上抽芽成活了。如今，这棵木棉树已成了万宁一景，斑驳的老树干上生出的新树迸发着勃勃的生机。

（本文选自《海南日报》）

# 亲历台儿庄战役

文 / 李以劻

李以劻

### 日军屯兵十万余人

台儿庄在大战前有居民三千四百余户，筑石为土城，中有碉楼七十余座，南北相距一公里，东西相距二公里，是鲁西唯一的大村落。该村西北距峄县三十四公里，西南距运河站四十六公里，陆有铁路，水有运河，民物殷阜。可是经过这一大战，安居乐业的村落，荡然无存，从此成为中华民族史上不可磨灭的光荣墟落。

台儿庄大战日军的正面主力，一是以矶谷为师团长的第十师团，二是以板垣为师团长的第五师团。这两个师团是日军最强悍的部队，其官兵受法西斯主义熏染最深，主张侵略中国最激进。除此之外，还临时从预备部队中抽调兵力，编组成沂州支队、片野支队等等，共十万余人的兵力，南下进攻我军，企图一举攻占徐州，打通津浦线。

### 阻击中投入兵力

我军是在进行阻击战中，逐步投入兵力的。除徐州北面地区的川军第二十二集团军、桂军第二十一集团军外，还调用了徐州东北地区中央系的第二、第八十五、第五十二、第四十六、第七十五、第九十二六个军，以及地方系的第三十、第五十九、第四十、第五十一、第六十、第二十二六个军。

台儿庄大战开始时，我是在第九十二师（师长黄国栋）二七四旅（旅长梁汉明）担任中校参谋主任，后调旅属第五五二团担任副团长。战斗中，本团团长张新身负重伤，我临危受命担任代理团长。

### 奉命死守丁家沟

第九十二师直接投入战斗，是在1938年4月23日，奉第五战区司令长官李宗仁之命，立即开赴台儿庄增援前线部队，编入第四十六军（军长樊崧甫）战斗系列。我师迅速抵达前线后，立即与日军展开激烈的战斗。在不到一周的时间里，全师官兵伤亡一千余人。幸存

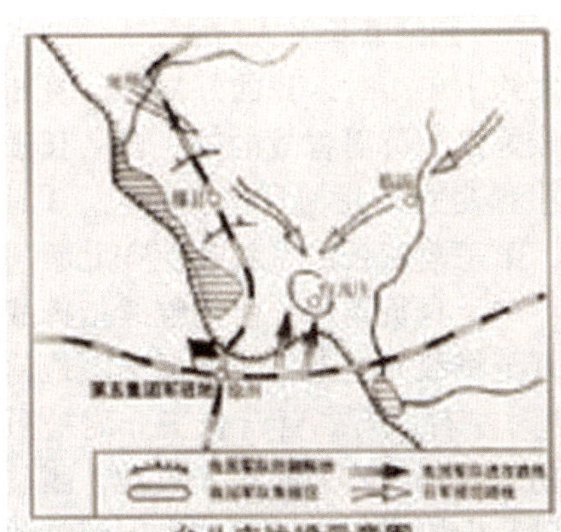


台儿庄战役示意图

台儿庄战役

台儿庄战役

的官兵，目睹自己的上级、下属、黄埔同学、战友和兄弟们伤亡，无不义愤填膺，痛心疾首，决心报仇雪恨，讨回血债。

5月5日，我师奉樊军长之命，死守丁家沟、大埠子等要地，以策应第六十军在禹王山阵地之右翼，阻止日军南下，黄师长则命令我团死守丁家沟，不得违令。

丁家沟位于江苏与山东的交界处，是个较大的寨子，寨周围的土墙高约一丈，东西南北各一个寨门，内有八百余家住户（此时居民已全部撤离）。是日上午，我团刚刚进入阵地，日军即以飞机三架轮番轰炸，然后以重炮长时间的轰击，再以步兵千余人从西门向寨内发起猛攻，先后三次均被我军英勇的战士击退，敌军遗尸数十具，有两名中士被我军第三营活捉。入夜，日军停止攻击，我团即乘机修整工事，检查火力配备并动员官兵准备迎接更加艰巨的战斗。

**战斗长达十四小时**

不出所料，翌日拂晓日军在飞机的轰炸、大炮轰击下，步兵疯狂地向我团阵地发起进攻，战斗长达十四小时。当我团首次击溃日军的进攻时，旅长林卧薪、师长黄国栋分别打来电话，除表彰全团官兵不怕牺牲，艰苦奋战击溃敌人的进攻外，特别强调丁家沟是我军的核心阵地，一定要继续发扬与阵地共存亡的英勇精神，坚决打退敌人的进攻，完成上级交给我们的死守任务。电话刚一放下，敌人增援部队上来了，又对我阵地猛攻。

**团副营长多人伤亡**

大约下午1时，我的好战友、贵州的苗族好汉、英勇善战的第一营营长杨亦明中弹身亡，我抱尸痛哭不已。3时左右，第三营营长潘又新在扼守北寨门的战斗中，身负重伤，但仍继续指挥战斗，直至将敌人击退，才肯退出阵地治伤。5时左右，第二营营长王介岩被敌弹击伤，西寨门阵地被敌人攻破，团长和我以及少校团副陈业桓分头下到阵地督战。当我到阵地不久，敌人的炮弹片擦伤我的左臂，只好任由鲜血流淌，继续指挥战斗。不久，相继传来团长左腿受重伤，不能行动；团副及连长欧华等多人相继阵亡。就在这时，我临危受命，担任本团代团长，率全团坚持战斗。到黄昏时，丁家沟已被敌军占领近半，敌军与我军在寨内进行激烈的巷战及肉搏战，彼此伤亡都很大。

**消灭日军三万人**

丁家沟战斗结束后，我团伤亡官兵五百余人。其中伤亡的团、营、连、排级军官，基本上是我们的先后期的黄埔同学，充分体现了“国事千钧重，头颅一掷轻”的崇高爱国主义精神。

台儿庄大战进行到5月上旬，接上级命令，从5月14日起，前线各军有计划地撤退。我所在的第四十六军，在孙连仲总司令指挥下，负责掩护各军安全转移后，向淮阳撤退，5月18日放弃徐州，六十天的大会战，宣告结束。这次战役共消灭日军有生力量约三万人，使日军原设想在此战消灭我军的梦想惨遭破灭。

（本文选自《黄埔》）

# 母瑞山上艰苦卓绝保存革命火种的八个月

文/史　莎

母瑞山的红军潭

## 琼崖革命史上最艰难的时期

1932年秋，藏身母瑞山革命根据地的琼崖红军，在对国民党军队第二次反“围剿”失败后，伤亡惨重，仅剩一百多人。这支单薄的队伍随后在中共琼崖特委书记冯白驹的带领下，再度转入深山。至此，琼崖革命斗争进入空前艰苦时期。

“饥饿是最大的难题，当时有炊事员去向百姓筹粮的时候，找不到容器装剩饭，就随便拿了个桶来装。回到根据地后，饿得眼冒金星的战士很快将剩饭一扫而光。吃完才发现，装饭的桶竟然是马桶。可见当时大家饿到什么程度了。”定安县党史研究室主任崔开勇说。即便是这样的日子也没过上几天。面对敌军的封锁与袭击，战士们不得不东躲西藏，粮食从饭团到稀饭再到饭汤，队伍最终断了粮。为了求生存，红军战士只能上树下地寻找一切可解决饥饿的食材。当时，一种叶嫩茎软的野菜几乎成了战士们每天的主食，这种野菜后来就被冯白驹将军起名为“革命菜”。与饥饿一起蚕食年轻战士体能与健康的，还有衣不蔽体所带来的寒冷。所有的战士睡觉时必须把芭蕉叶烤热当席睡，当被盖。火柴用完了，还得学古人钻木取火。

对于这段野人般的原始生活，冯白驹将军在其所写的《红旗不倒》一文中曾有生动的记录：“日子在饥寒交迫中过去……大部分人的肩膀露在外面，有的

冯白驹

光着屁股。个个身上冻得发青发紫，有什么办法呀！只有像万年前我们的祖先那样，摘树叶剥树皮，连在一起，披在身上。男同志披的树皮像古代骑士的盔甲；女同志穿起名副其实的‘百叶裙’。大家走动起来，好像是一群穿山甲。”

恶劣的环境让许多战士病倒了，有的拉肚子，有的打摆子，大部分人患了夜盲症和水肿病，没来得及看到革命胜利的曙光就凄凉离世。

“第二次保存革命火种的八个月里，我们许多革命战士都是非战斗死亡，饿死、病死、被毒蛇咬死。其中有九名战士当时在一棵大树下休息，坐下去就再也没有力气站起来，活活饿死了。”在母瑞山革命纪念园的将军雕像前，七十三岁的老园长王学广一遍遍地向前来此地参观的游客讲解着那段无比艰难的历史。

**反动分子带猎狗上山助纣为虐**

即使是在如此艰苦卓绝的自然条件下，红军战士依然得时刻面临内忧外患。那么，这里所说的内忧是从何而来的呢？

根据史料，当时国民党为了补充兵力不足，就利诱和威胁部分反动分子“反共”“剿共”。在这严峻时刻，反动分子头目朱日明叛变革命投靠敌人，率人协同敌军“围剿”红军。他们带二百多条猎狗入山，从四面八方“围剿”红军。红军常被猎狗追赶而遭到敌人的伏击。红军潜伏在深山老林中，猎狗嗅到陌生人气味就狂叫，敌人随后就赶到袭击。朱日明等人将打死的红军斩首或割耳，再拿去向国民党军队领赏。

由于力量薄弱，弹药奇缺，白天红军战士们基本上不敢轻易外出，只有在夜间摸黑活动。并且在走过的路上，还要破坏脚印和痕迹，避免敌人搜山时发现。由于生活困苦，衣服破烂，加上个个脸黄嘴尖、满身长虱、头发披肩，英勇的红军战士外形上完全如野人一般。

此时，在敌人的重重封锁与不停搜剿，以及饥饿、疾病、寒冷的不断侵袭

琼山区云龙镇长泰村的冯白驹故居

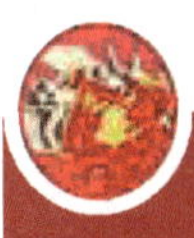

母瑞山革命烈士纪念园

下，红军队伍伤亡人数不断增加，而此前派出去联络组织的小分队也全部失散，整个队伍到最后只剩下包括冯白驹在内的二十六人仍紧握琼崖革命红旗。

**最后突围的红军只有二十五人**

1933 年 1 月下旬，冯白驹与另外两名干部分析了当前的形势，认为山上的环境实在不利于琼崖革命的恢复和发展，突围下山寻找党组织依然是最终的途径。当年春节期间，冯白驹带领二十五名干部战士，由炊事员李月凤带路，向澄迈二区转移。不幸的是，李月凤在进村联系时被敌人捕获杀害。满怀着悲痛的二十五人只得连夜离开该地，重返母瑞山。

4 月，冯白驹等二十五人再次突围下山。这一次，他们巧妙地躲过了敌人的埋伏，经过三天三夜的昼伏夜行，途经翰林、岭口、龙门、仙沟、甲子等地，最终回到琼山县长泰村冯白驹的家乡，并与同在琼文地区坚持斗争的干部胜利会合。琼崖革命火种也因此得以保留。

（本文选自南海网）

# 会做饭的石头

口述／周徽文　整理／吉　羽

**村民数着石头做饭坚持到解放**

今年七十五岁的周徽文老人从小就知道自己家时不时就要数石头做饭。周徽文介绍说，他父亲周粹茂生前在云龙镇做烧炭和拉马车生意，生活过得还可以，云龙地区作为琼崖革命的根据地，许多革命战士都在当地龙盘山与敌人作斗争。那时候，战士们经常避开敌人封锁，下山到他们家吃饭，来之前都会有联络员事先将小石子或碎瓦片放在大门旁的窗格上，几块石头就代表要来几个人。

“有时候是三四个人来吃饭，最多有过二十多人。有时候是一个月来吃一两顿，有时候也经常不来。”周徽文说，无论是他父亲被日本兵杀害前，还是杀害后，家里人一直将秘密做饭坚持到海南解放。

**保守秘密，村民宁死不从日本兵**

周徽文说起父亲周粹茂被日本兵杀害，多少也与“小石头做饭”有点联系。1942 年，周粹茂四十二岁，周徽文年仅五岁。那年的一天晚上，日本兵不知从何听说的消息，怀疑周粹茂家藏有伤病的革命战士，或是为革命战士做饭、送药。日本兵翻遍周粹茂家也找不到伤病员后，就将家里值钱的东西全部搬走，被子全部烧掉。

第二天一早，日本兵又杀了个回马枪，还是找不到伤病员，就刁难周粹茂爬椰子树摘椰子给他们喝。周粹茂以不会爬树为借口坚决不从，日本兵恼羞成怒用枪柄将他肠子都打了出来，周粹茂的嫂子也被日本兵打折了腰。“没过几天，我爸就去世了，大娘也是弯着腰，几乎头点着地过完了一辈子。”周徽文说着，眼泪不停往下流。

在云龙镇像周家这样不为人知的故事还有很多。

琼崖革命斗争二十三年，留下了大量感人至深的故事。琼崖革命的卓越领导人冯白驹曾深情慨叹：“人民群众是琼崖革命真正的靠山，山不藏人人藏人。”革命成果的取得，得益于人民群众的无畏支持和大力帮助。

周徽文妻子将小石子放在自家窗格上，演示当年情形

# 竹林里的医院

文 / 章洪珊

四明山革命烈士纪念碑

在四明山的崇山峻岭中，姚南鲁家岙的一片竹林里，隐现一座黄色的庙宇——云顶寺，这就是新四军浙东纵队姚于分院的所在地。

新四军浙东游击纵队臂章

1943 年 11 月中旬，浙东第二次反顽自卫战开始后，国民党第三十二集团军天台“前进指挥部”，先后调集三万大军（十倍于我军）“围剿”我军四明山根据地，妄图在三个月内消灭我军。日军亦乘机进行“扫荡”。自此，浙东抗日反顽斗争进入了最艰难的时期。我军大部

新四军浙东游击纵队司令部旧址

主力跳出四明，转战“三北”（指余姚、慈溪、镇海北部），留下部分部队分散游击，坚持斗争。后方机关如被服厂、印刷厂、修械所等也陆续撤到“三北”，只留下总医院及两个分院。

姚于分院是第二次反顽自卫战开始，为便于接收西区伤员而建立的。分院主任初为周丹虹，后为张佐毅；有三名女医务员：盛林（主管）、施坚明、周剑平；管理员章洪珊；事务长吴权；还有卫生员、炊事员等十余人。这一班人，来自四面八方，为了战争胜利，同生死，共患难，团结战斗，历尽艰辛，较好地完成了任务，受到总院的表扬。

鲁家岙地处深山，群众生活贫困，我们吃的粮食靠地方粮站供应，其他都是事务长到十几里外日、伪据点附近的集镇去买，如遇敌情，就吃不上菜，只得到老百姓那里买些竹笋和腌菜等。吴权是个伤残军人，右手僵直，大家称他为“独臂将军”。他经常与炊事员挑着担子，往返奔波在几十里山路上，晴天一身汗，雨天一身泥，从不叫苦。

云顶寺很小，只有一个大殿，能容纳几十个伤员。床是门板上铺稻草，有些伤员就睡在地上。药品匮乏，便用自制的盐水，棉花纱布等敷料也很少，绷带是用土布撕成的条条，这些东西用了洗、洗了再用，反复使用多次。换药的镊子、盘子不够就用当地的竹夹、竹碗，连伤员的尿盆也用竹筒代替。医务人员不仅要给伤员手术、换药，还要洗大量带脓血的敷料。那年冬天，雨雪连绵，山涧冰冻，水寒刺骨，她们常冻僵手。一个年仅十三岁的女护理员孙阿妹，因洗敷料小手冻得又红又肿，长了冻疮，仍不肯休息，还整天乐呵呵，大家都很疼她。

12月1日，我军在蜻蜓冈伏击了顽军田岫山（又叫田胡子）的挺四纵队，我军有几十个伤员送到分院，其中有不少是重伤，总院院长庄秉亲自来为他们做手术，有些手术是在缺少麻药的情况下完成的。这些伤员在前方作战英勇，负伤后也能忍受巨大的痛苦。手术时，他们咬紧牙关，汗流如注，不但不叫苦反而安慰医务人员：“你们不要怕我痛，只要能做好手术，养好伤，我就能再上前方打仗，消灭敌人。”

12月8日，日军调动了日伪军一千五百余人“扫荡”四明山区，火烧南黄、夏家岭等十余个村子。有二三百户人家的南黄村，离我分院仅几里路，

被烧成一片焦土。为了隐蔽安全，我们决定将重伤员藏到丛林中去。鲁家岙的群众帮助我们在后面山坳的竹林里搭起一间仅二十多平方米的草舍，挤着住下二十多个伤员。时值寒冬腊月，草舍外寒风呼啸，草舍内四壁透风，伤员仅盖一条薄被，有的冻得发抖，医务人员就把自己的被子给伤员盖上。有时饭不够吃，医务人员就饿着肚子，省下来给伤员吃。这一桩桩充满爱心的事，深深地感动了伤员们，他们的伤势稍有好转，就要求归队，重上前线。

1944 年 1 月中旬，顽军突击总队在挺四、挺五的配合下，向我军蜻蜓冈阵地发起进攻，并进占了梁弄、横坎头等地。我军第一次转到外线，顽军乘虚而入，我分院首当其冲，前一天晚上就听到此起彼落的枪声，第二天一早敌人突然袭击我分院驻地，我们很快把伤员藏在竹林里。说来也巧，那天从清晨起，一直是大雾弥漫，我和两个女同志躲在一块大石头下面，敌人就在大石头上架起机枪，盲目扫射，足足打了大半个小时，也未发现我们，真要感谢老天爷帮忙啊！

我们在鲁家岙住了一个多月，目标已暴露，于是转移到十多里外的亢金冈，轻伤员住在村里，重伤员安置在村后山坳竹林中的几间草舍里。在这里大约住了半个多月。2 月中旬的一天下午，忽有一位群众来报“田胡子”的部队来了！张佐毅和我立即带着轻伤员跑到重伤员住处，要他们赶快疏散。不料顽军来得这么快，我们刚到竹林里，敌人的机枪已从山头上向下扫射。重伤员已来不及疏散了，盛林对他们说：“大家要沉着坚强，决不能向敌人屈服！”她也就在附近隐蔽，只听见一个顽军向他们的连长报告：“搜到了手术器械，但医官跑了。”这一次我们的伤员虽未遭伤害，但药品和伤员的财物被洗劫一空，连伤员身上穿的毛衣也被剥走了。天黑了，顽军走了，我们陆续回来，正商议下山动员民夫转移伤员，小护理员陈彼得急忙来说：“不好了，山上有火把，敌人又下来了！”大家出去一看，果然是一批顽军手执火把，下山来了。顽军杀回马枪是想来抓工作人员，于是，我们又很快疏散了。顽军向我们疏散的方向打了几枪，并大声叫嚷：“你们的医官跑到哪里去了？”伤员没有理他们。雨夜天黑，顽军没有搜山，不久就走了。我们回到草舍，只见两颗手榴弹和一些子弹丢在火缸里，幸亏炭火微弱，未引起爆炸。这些灭绝人性的家伙，没有抓到工作人

朱洪山

浙东游击纵队领导和纵队政治部文工队员合影

员，就拿伤员出气，还把伤员的棉被扔在外面淋雨。他们是想把伤员炸死，炸不死就让伤员冻死……此情此景，使我们悲愤交集，没有眼泪，只有仇恨！当晚我们分头下山去动员民夫，将伤员转移到几里外的一个山沟隐蔽。第二天，顽军又来搜索，扑了个空。

总院知道情况后，后勤部长朱洪山亲自赶来看望我们，慰问伤员，研究对策。认为这一带不能再住了，敌人还会跟踪追击，如果再集中居住，目标太大。因此，决定分散“打埋伏”，把伤员转移到日伪据点附近有我党地下活动的一些村子（有的村离余姚城仅十里左右）。那些地方顽军不轻易去，伪军也不常出来骚扰，反而更安全。伤员分散在老百姓家里，有的群众替伤员换了衣服，认作自己的儿子。

伤员安置好了，药品已所剩无几了，亟须去总院领药。正好总院来了通知，要我们到慈（溪）南俞鲍陈村找一个姓陈的，被称为“红心白皮”的保长联系，再找总院保管药品的王皋生，领导把这个任务交给了我。我第二天一早就出发了，到俞鲍陈村有三四十里路，因路途生疏，敌情不明，我边问边走，中午抵达俞鲍陈村找到那个保长。他见了我，凝视了好久。我说：“我是三五支队的（浙东老百姓对我军的称呼）找你办桩事。”他故意推托，佯装糊涂，说：“什么三五、三六的，我听不懂。”当我进一步说明我是来找总院王皋生领药的，他才笑了笑，并小声说：“同志，对不起，近来常有顽军便衣活动，我不得不防。”说完后，他立即带我到村后的山沟里找到王皋生，她非常热情，说：“听说你们分院连遭顽军冲击，药品一定很困难，早就等你们来领了。”她把药包好后，还一再叮嘱：“这一带时有顽军骚扰，路上千万要小心。”我拿到药后，心情激动，顾不上饿和累，几乎是一路小跑，回到住地时已近黄昏。大家等急了，怕我找不到地方或路上遇到顽军。见我拎着一大包药品回来，都非常高兴。

在这段日子里，我们工作人员经常想方设法分头去看望伤员。医务人员有时打扮成打柴或割草的姑娘，背着篓子或提着篮子去给伤员换药；有时装成卖花生、瓜子的小贩，到各村去巡回医疗。那已是二月下旬，天气转暖，因住地分散，有的伤员不能得到及时换药，伤口化脓，还长了蛆，绷带上爬满虱子，她们看到伤员如此受苦，不觉伤心落泪。伤员们也很体谅医务人员的困难，毫无怨言，每当换好药后，总是表示深深的感激之情：“你们太辛苦了”！

（本文由北京新四军研究会供稿）